ISBN 978-0-364-58559-7
PIBN 11275470

1 MONTH OF
FREE
READING

at

www.ForgottenBooks.com

By purchasing this book you are eligible for one month membership to ForgottenBooks.com, giving you unlimited access to our entire collection of over 1,000,000 titles via our web site and mobile apps.

To claim your free month visit:

www.forgottenbooks.com/free1275470

Philosophie.

—

Versuche
Philosophischer Forschungen

in

den Sprachen,

zur Beantwortung der Fragen:

„Wie gelangt der Mensch zu Wahrheit? Wie gelangt er zu Tugend? Wie sollen wir einst zu Weisheit gelangen?"

von

Ph. W. van Heusde,

Ritter des niederländischen Löwenordens,
Professor der Philosophie und Philologie an der Universität zu Utrecht.

Rien ne prouve davantage, qu'originairement et dans le principe, les existences et la réalité sont données à l'homme, que de voir la métaphysique toute entière, en quelque sorte déposée dans les langues, à l'insçu de ceux qui les ont créées et perfectionnées.

ANCILLON.

Utrecht
bei Rob. Natan, Universitätsbuchhändler.
1838.

Vorwort des Verfassers.

Ich muß bei meinen Lesern, zu einem richtigen Ver=
ständniß und Beurtheilung dieser Schrift, Kenntniß der
Sokratisch=Platonischen Philosophie voraussetzen.
Keinesweges war es doch meine Absicht, aufs neue
ein System der Etymologie aufzustellen, wie dieses.so
Viele in älterer und neurer Zeit, und im Ganzen ohne
genügendes Resultat, bezweckten. Die Grundlage dieser
philosophischen Forschungen in den Sprachen, ist jene
alte, jene ursprüngliche, ganz ans der Natur entwickelte,
Philosophie. Einer tiefen Ergründung derselben habe
ich mein Leben gewidmet, und nachdem ich mich ganzer
vierzig Jahre ununterbrochen damit beschäftigt, leuch=
tete es mir endlich ein, daß jene ganze Philosophie,
was deren Grundlehren betrifft, in den Sprachen vor=
handen sei. Vielleicht können diese Grundlehren allen
Philosophen unseres Jahrhunderts, welcher philosophi=
schen Schule sie auch zugethan sein mögen, von einigem

Nutzen werden; hierzu aber wird erfordert, daß man
in den Schriften der alten Sokratifer, vorzüglich in
denen von Plato, nicht unbewandert sei.

Nur noch Einiges hinsichtlich dieser Deutschen Uebersetzung meiner Versuche. Die meisten Wörter, in denen
ich echt philosophischen Sinn zu finden glaubte, nahm
ich aus meiner Muttersprache. Viele jener Wörter kommen jedoch in andern Sprachen nicht vor. Dieses ver-
ursachte bei der Uebersetzung, um mich recht verständlich zu machen, große Schwierigkeiten. Der Ueber-
setzer hat deßhalb in den Anmerkungen, die eigentliche
Bedeutung jener Wörter auszubrücken gesucht: was,
wie ich hoffe, meinem deutschen Leser genügen wird.

Einleitung.

Vielen meiner Zeitgenossen, däucht mir, wird es beim Suchen nach dem Wege der Wahrheit und Weisheit, ebenso wie mir ergangen sein. Als Kind glaubte ich denselben in den Vorschriften der Religion, worin man mich unterrichtete, gefunden zu haben: und daran genügte es mir damals vollkommen. Als ich mich aber später der Philosophie befleißigte, kam ich nicht selten von der mir angewiesenen Bahn ab, so daß ich hin und wieder in Verlegenheit gerieth, und an mich selbst zuweilen die Frage richtete: »Wäre es doch nicht besser gewesen, auf jenem sichern Wege immer fortzuschreiten?« Und wahrlich, wie ich mich früher mit Glauben begnügt hatte, so wollte ich jetzt Wissen: und so war ich, beim Streben nach Wahrheit und Weisheit, allmählig auf zwei entgegengesetzte Abwege gerathen, die mich einer nach dem anderen gänzlich von der Wahrheit ableiteten. Ersterer war der Empirismus oder Sensualismus: letzterer der Idealismus. Zu jenem hatte mich sogleich Helvetius geführt, indem er unser ganzes Wissen den äußern Sinnen zuschreibt:

1

und als ich später auf jenem Wege, nicht ohne Schrecken, noch dereinst Materialist zu werden befürchtete,
wurde ich durch Kant und dessen Nachfolger zum andern Extreme, dem Idealismus geleitet. Vom Objectiven brachten mich diese völlig zum Subjectiven zurück,
was mir gefiel: denn hierdurch wurde mir die sittliche
Freiheit des Menschen, die ich, um zu Weisheit zu
gelangen, für nothwendig hielt, deutlich erwiesen. So
aber sah ich auch immer mehr und mehr ein, daß ich
im Begriffe sei, zur Ungewißheit in allem Objectiven
und zum vollkommnen Idealismus zu gelangen. So
nun erging es mir, und bei all diesem Philosophiren,
fehlte endlich wenig, daß ich nicht die ganze Philosophie hätte fahren lassen.

Wie es Anderen bei ähnlichen Täuschungen ferner
ergangen sei, weiß ich nicht; doch was mich betrifft,
so bewahrten mich meine philologischen Studien, die
mich zugleich immer tiefer und tiefer in die Philosophie des Sokrates und Plato hatten eindringen lassen,
vor diesem verzweifelten Entschlusse. Hier fand ich die
Mittelstraße, den goldenen Weg der Philosophie, der
sich sowohl vom groben Empirismus einerseits, als
vom Idealismus anderseits entfernte: und, was
mehr heißt, so wenig mich die Spur, der ich von meiner Jugend an, durch den Religionsunterricht gefolgt
war, zu verlassen nöthigte, daß ich von jetzt an auf
derselben, ebenso wie früher, jedoch mit Einsicht und
Aufmerksamkeit fortschritt. So kam ich wieder zu mir
selbst, ja zum Lebensgenusse, denn was ist das
Leben, wie kann man es wirklich Leben heißen, wenn
man so im Ungewissen, ohne Einsicht, wie man zur

Wahrheit, Tugend und Weisheit gelangen solle, umsher schwankt? Dies nun veranlaßte mich, zum Besten Vieler, die da immer noch zwischen Glauben und Wissen unentschlossen schweben, eine Einleitung oder vielmehr eine Einweihung in die alte Philosophie, gewisse Initia philosophiae Platonicae, zu schreiben. In wiefern diese Schrift meiner Absicht und Erwartung entsprechen könne, wird die Zeit lehren. Es ist so leicht nicht, wie man wohl glauben möchte, einen neuerdings gebahnten Weg, wenn auch den ältesten aller Wege, mit Beseitigung aller Vorurtheile, die uns anderwärts geleitet, einzuschlagen und beizubehalten. Während ich aber damit, wie auch später mit meiner Encyclopädie beschäftigt war, kam es mir zuweilen in den Sinn, ob nicht wirklich in den Sprachen, und zwar besonders in der unsrigen, die ganze Philosophie enthalten sei. Ich hatte schon dann und wann einige Wörter aufgezeichnet, als: zintuigen, oordeelen, vatten, rede, denkbeelden, onderwijs, Leidenschaften, desiderare, godsdienst und andere mehr, vorzüglich aber und zu allererst waarheidsliefde (¹); und so entschloß ich mich eines Abends, dies alles in möglichst bester Ordnung vorzutragen. In der Absicht schrieb ich nun auch die Fragen nieder, die ich für mein Leben und Wirken so oft an mich gerichtet hatte: Wie gelangt der Mensch zu Wahrheit? Wie gelangt er zu Tugend? Wie sollen wir einst zu Weisheit gelangen? Gelückte es mir

_____

(¹) Die hier vorkommenden holländischen Wörter werden in den Forschungen selbst erklärt werden.

jemals, dachte ich bei mir selbst, jene Fragen ebenso aus den Sprachen, wie aus Plato's Schriften zu beantworten, zu welchem Erfolge könnte dies nicht führen? Geschweige wie viel dieses zur Erklärung der Platonischen Philosophie beitrüge, wie würde es nicht dieselbe Philosophie bekräftigen! Ja, würden wir dadurch nicht wirklich im Stande sein, einst in der Philosophie selbst festen Schrittes fortzuschreiten? Und wie äußerst wichtig würde dies nicht besonders jetzt sein, da man sich je länger je weniger an die Regeln der Dialectik bindet, und sich so auf dem Meere der Metaphysik durch alle Winde der Lehrmeinungen hin und her treiben läßt!

Wohlan, sagte ich, versuchen wir's! Es wird doch wohl wahr sein, was Cicero sagt: opinionum commenta delet dies, naturae judicia confirmat, und, wenn irgendwo, sind in den Sprachen die naturae judicia enthalten. So habe ich's denn auch versucht: und, wenn ich nicht irre, kann diese Untersuchungs- und Forschungsweise auch dazu dienen, um dereinst die Frage, mit der ich meine Encyclopedie schloß: »Was ist Metaphysik?" so wie die andere uns so äußerst wichtige: »Wie soll man dieselbe behandeln?" zu beantworten.

Wie gelangt der Mensch zu Wahrheit?

Καὶ ἐγὼ κατιδὼν, ἰού! ἰού! εἶπον, ὦ Γλαύ-
κων· κινδυνεύομεν τι ἔχειν ἴχνος. — Εὖ ἀγγέλ-
λεις, ἦ δ' ὅς.

Bis jetzt, meine Leser! habe ich mit Euch, nach den
Grundsätzen der Sokratischen Philosophie, den Weg
zum Reiche der Wahrheit und Tugend, und so
zur Weisheit zu finden gesucht: jetzt werde ich eben
daſſelbe nach eben denſelben Grundſätzen, doch auch
noch außerdem, um deſto gewiſſer zu meinem Ziele zu
gelangen, nach Anleitung der Sprachen, unternehmen.
Machen wir demnach mit dem Princip aller Philoſophie, der Liebe zum Wahren, nach Platos
Lehre, und zwar zuerſt, mit der Liebe ſelbſt als dem
gefeierten Gegenſtande, wie wir wiſſen, der Socrati-
ſchen Schule, einen Anfang.

Es ſcheint als ob, ſeit Sokrates und Plato's Zeiten,
die Liebe aus der Philoſophie verbannet, und obgleich
ſie von Zeit zu Zeit ihre Stelle wieder einzunehmen
trachtete, ihr dieſes doch nicht anders, als auf kurze
Zeit gelungen ſei. Bei der Wiederbelebung der Wiſ-
ſenſchaften in Italien ſprachen die Philoſophen wieder

von Liebe, und auch im verflossnen Jahrhundert, worin man die Sokratische Philosophie wieder herzustellen suchte, wurde abermals die Liebe der Gegenstand philosophischer Schriften: was besonders die Dialoge des Hemsterhuis beweisen. Aber in den Schulen, die nach Plato bis Petrarch, und nach diesem bis auf unseren Hemsterhuis entstanden, in der Schule des Aristoteles und Zeno, in der des Baco, Hobbes und Locke, wie auch in der des Descartes, Leibnitz und Wolf, der Schule Kant's zu geschweigen, in all diesen geschah der Liebe beinah keine Erwähnung. Es besteht indessen ein natürliches Band zwischen Liebe und Philosophie. Aus den Sprachen läßt sich dies erweisen. Der φιλόσοφος ist bei Plato φιλομαϑής: mit diesen Wörtern wechselt er nicht selten ab. In Beiden ist schon Liebe enthalten; das μάϑειν aber, woher φιλομαϑής abgeleitet ist, stammt dies nicht selbst von μάω, das mit Versetzung der Buchstaben das lateinische amo ist? Am deutlichsten erhellet diese Begriffsverbindung aus unserm weetlust (¹), leergierigheid (²), dorst naar kennis en wetenschap (³). So oft wir aber auch über Künste und Wissenschaften, sogar über die Hauptfächer der Philosophie, durch welche sie uns zur Vollkommenheit leitet, über Aesthetik, Logik und Ethik sprechen, erwähnen wir da nicht fortwährend der Liebe zum Schönen, der Liebe zur Wahrheit, der Liebe zur Tugend? Liegt nicht die Idee der Liebe in der Philosophie selbst? Das griechische φιλοσοφία

(¹) Wißbegierde.   (²) Lernbegierde.
(³) Durst nach Kenntniß und Wissenschaft.

giebt Cicero durch amor cognoscendi, sapientiae studium, und was bedeutet dies denn anders, ebenso wie unser wijsgeerte (¹), als Verlangen um weise zu werden, Liebe zur Weisheit?

Und was nun das Princip aller Philosophie betrifft, sie ist nach Plato nicht Liebe überhaupt, auch nicht Liebe zum Schönen und Guten, sondern Liebe, wie ich schon erwähnte, zum Wahren. Dieses ist nach ihm das Kennzeichen des Philosophen. Tausende, sagt er, die Alles hören, Alles sehen, Alles vernehmen wollen: der Philosoph allein ist τῆς ἀληθείας φιλοθεάμων, liebt die Wahrheit zu schauen. Und fragen wir, warum er der Wahrheit so viel zuschreibe, unsere Sprachen und Redensarten können uns dieses begreiflich machen. Das Wahre ist, nach diesen, allgemein. Wir reden fortwährend von wahrer Tugend, von wahrer Heiligkeit, von dem, was wahrhaft schön und gut ist. So wenden wir das Wahre auf Alles an, ja dasjenige nur halten wir für wünschenswerth, was in Wahrheit seinem Namen entspricht. Besonders und vorzugsweise gebrauchen wir Wahrheit in einem moralischen Sinne für dasjenige, nach dem wir, um gut und glücklich zu leben, streben müssen. Wahrheiten, göttliche Wahrheiten nennen wir die erhabenen Lehren unserer Religion. Es war demnach nicht ungereimt, was Plato vom Philosophen sagte: »Der Philosoph liebt die Wahrheit, wie der Liebhaber seine Geliebte.‹‹ Er verstand unter

---

(¹) Philosophie. Wijsgeerte ist im Holländischen vollkommen dem Griechischen φιλοσοφία entsprechend.

derselben Alles, was wahrhaft gut und edel ist, und demnach auch, und zwar vorzüglich Tugend und Weisheit. Und so konnte er mit vollem Rechte sagen: »Mancher gab sich, nach den Ueberlieferungen der Alten, freiwillig dem Tode hin, um seiner Geliebten wieder theilhaft zu werden: ebenso opfert der Philosoph Alles, selbst das Leben auf, um das Wahre zu schauen.« All dieses ist jedoch nur theoretisch und bezieht sich auf das Kennen der Wahrheit. Wahrheit gebrauchen wir auch im praktischen Sinne, wenn wir sagen: der Wahrheit vorstehen, die Wahrheit vertheidigen, für die Wahrheit streiten, ja sterben. Dies besonders forderte Sokrates vom Philosophen: er selbst wirklich, er starb für die Wahrheit. Und seht, wie genau drücken wir dieses durch unser waarheidsliefde und die uns verwandten Deutschen durch ihr Wahrheitsliebe aus! Dies ist kein Verlangen, keine Neigung zur, keine Sehnsucht nach der Wahrheit, sondern Liebe zu derselben: Liebe, sage ich, der kein Opfer zu groß ist. Ersehen wir so nicht aus alle dem, meine Leser! wie die Liebe, sei sie auch immerhin durch die Philosophen aus der Philosophie verbannet, dennoch in unserer Sprache mit Philosophie und dem Forschen nach Wahrheit verbunden ist? Aber außerdem, sehen wir nicht zugleich, wie das Princip aller Philosophie, jenes echt Sokratische Princip, Liebe zum Wahren, nicht nur in unserer Sprache liegt, sondern auch durch dieselbe gänzlich erklärt und bestätigt wird?

Von diesem Princip ausgehend, würde ich, dünkt mich, im Stande sein, nach unsern Wörtern und Redens-

arten, eine Aesthetik zu entwerfen, die genau mit der
Platonischen übereinstimmte. Er verlangte doch vor
allem Wahrheit in den Künsten. Darum tadelte
er so unaufhörlich die Dichter, die Maler, diejenigen
überhaupt, welche die schönen Künste ausübten, weil
sie uns durchgehends den Schein, anstatt des Wahren, vor Augen stellen. Und merken wir nun auf unsere Wörter und Redensarten. Um insonderheit der
dichtkunst zu erwähnen, dichten ist bei uns etwas
anderes als verdichten (¹), dichtstuk (²), wieder
etwas anderes, als verdichtsel (³). Letzteres ist ohne
Ausnahme unwahr: Ersteres, wenn auch nicht ganz
mit der Wahrheit übereinstimmend, enthält doch Wahrheit. Und dies ist dem Dichter und der Dichtkunst,
auch selbst der Fabel besonders eigenthümlich.

Rien n'est beau, que le vrai, le vrai seul est aimable:
Il doit regner partout et même dans la fable.

. Nichts scheint ungereimter, nichts der Wahrheit
mehr zu widerstreiten, als jene Gespräche der Thiere
in den Fabeln des Aesop. Dennoch hat, sagen wir,
Aesop und jeder Dichter, der ihm folgte, besonders
aber La Fontaine, Wahrheit darin ausgedrückt.
Denn was sind jene Erzählungen anders, als Schilderungen, wahre und treffende Schilderungen des
menschlichen Lebens? Doch merken wir auch ferner auf
unsere Wörter: valsch vernuft (⁴), valsche smaak (⁵),
faux brillant, deren wir uns beim Beurtheilen der

(¹) Erdichten.   (²) Gedicht, poëme.   (³) Erdichtung.
(⁴) Falscher Scharfsinn.   (⁵) Falscher Geschmack.

Erzeugnisse, sowohl der Beredsamkeit und schönen Wissenschaften, als der Dichtkunst, bedienen: steht denselben nicht Wahrheit gegenüber? Sagen wir nicht
ferner bei Lobeserhebungen der Meisterstücke in der
Malerei und den übrigen bildenden Künsten: daar is
waarheid in (¹). Echte Kunstwerke müssen demnach
sowohl nach Andeutung unserer Sprachen und Redensarten, als nach der Platonischen Aesthetik, Wahrheit enthalten. Anderswo habe ich darüber schon
absichtlich gehandelt; aber verhält es sich nicht überhaupt so, daß wir Wahrheit, wo nicht für das Kennzeichen, doch wenigstens für das nothwendige Erfor-
derniß des Schönen halten? Daher, daß das Kind,
welches Alles bewundert und schön heißt, was blinkt
und klingt, je nachdem es sich in reiferem Alter in den
Künsten geübt hat, desto mehr nach dem wahrhaft
Schönen trachten und von Meisterstücken endlich sagen
wird: dat is nu eerst het ware (²)." So hätten wir
denn bereits eine schöne und wirklich treffliche, ganz
den Sprachen entnommene Einleitung, um zur Beantwortung der Frage überzugehen: wie der Mensch
zu Wahrheit gelange. Wir ersehen daraus, daß
die Künste, und besonders die schönen, obgleich sie
vom Schönen ihren Namen erhalten, uns sowohl als
die Wissenschaften zum Wahren führen. Und was könnte uns schon hier, beim Anfange, den Weg der Wahrheit wohl mehr anempfehlen? Jetzt aber bedürfen wir
eines genaueren und tieferen Eindringens in die Sache

(¹) Darin liegt Wahrheit.
(²) Das ist nun das Wahre!

selbst. Das Erkenntnißvermögen des Menschen müssen wir genau und bestimmt kennen lernen, um zu wissen, wie er zu Wahrheit gelange. Wahrheitsliebe ist dazu nothwendig, aber nicht hinreichend. Auch Mittel werden erfordert, die uns zur Sachkenntniß und somit zu Wahrheit führen. Welches sind diese Mittel?

Unsere Sinne, wird man sagen, zu allererst: und mit dem vollsten Rechte. Denn, nimmt man diese weg, so sehe ich keine Möglichkeit, mir einen Menschen vorzustellen, der zu Begriffen gelangt und denkt. Doch welches sind die Sinne, von denen man redet? Die Philosophen der französischen Schule des vorigen Jahrhunderts scheinen die fünf äußeren darunter verstanden zu haben, vermittelst deren wir sehen, hören, schmecken, riechen, fühlen oder tasten. Zum Beweise dient die Bildsäule Condillac's: er dachte sich Gefühl hinein, und brachte nun zu einem, dann wieder zum andern Sinne, was besonders mit jedem in Beziehung stand, um daraus wahrzunehmen, wie durch jene Gegenstände und Laute Ideen und Verbindungen der Ideen entständen. Aber haben wir nicht noch außerdem einen inneren Sinn? Giebt es in uns nicht ein höheres Vermögen, wodurch wir auf die Sinne und vermittelst derselben wirken? Unsere Sprache sowohl, als unser Bewußtsein von einem inneren Vermögen, macht uns auf jenen Sinn, jenes Vermögen aufmerksam.

Zintuigen ([1]) doch nennen wir die äußern Sinne: tuigen sind es also, Werkzeuge jenes Sinnes. Sinn wohnt im Menschen, und der ist es, welcher sieht,

---

([1]) Sinnwerkzeuge.

hört, riecht, schmeckt, fühlt, durch jene Werkzeuge, durch jene Organe. Das griechische ὄργανον, Organ, drückt genau dasselbe aus: es bezeichnet Werkzeug. Plato sagt: »Schlimm würde es um den Men-schen stehen, wenn wir wie hölzerne Pferde nur äußere Sinne hätten, und nicht in uns ein Sinn, eine Seele oder wie man dies auch nennen mag, vorhanden wäre, der uns durch jene ὄργανα Sachkenntniß verschaffte: jene Sinne, jene Organe sind Boten, aber wäre nicht Etwas in uns, was sie Alles be-merken und vernehmen ließe, ein Verlangen um kennen zu lernen, was würden sie aus-richten?" (¹). Es war vor Alters ein berühmter Spruch, sei es des Epicharmus, oder des Anaxagoras, νοῦς ὁρᾷ καὶ νοῦς ἀκούει, τἆλλα δὲ κωφὰ καὶ τυφλά: der Sinn sieht, der Sinn hört, alles Uebrige ist taub und blind: das heißt, wie Jeder von selbst versteht, ohne jenen Sinn im Inneren, der durch jene Werkzeuge wirkt, würden sie blind und taub und durchaus unthätig sein.

· Hier haben wir also schon, um die Mittel zur Erlan-gung der Kenntniß und Wissenschaft zu finden, ver-mittelst der Sprachen, eine wichtige Bemerkung ge-macht, welche selbst so wichtig ist, daß, hätte die Schule Locke's in Frankreich dieselbe berücksichtigt, hätte sie mit diesem innern Sinn angefangen, und diesen als moralischen, ja auch als religiösen Sinn im Menschen wahrgenommen, sie den Menschen, anstatt

---

(¹) Theät. 184. D. Init. phil. Plat. II, p. 1, p. 44.

ihn so tief herabzusetzen, zu seiner hohen Würde
erhoben hätte. Denn jene ganze Philosophie, es
erhellet aus beinahe allen Schriften jener französischen Schule, lief auf Materialismus und Atheismus hinaus. So wären wir denn, meine Leser! mit
Hülfe der Sprachen, glücklich bei jenem Abgrunde
auf dem Wege der Weisheit, dem Empirismus vor-
beigekommen!

Doch wie jetzt weiter? Das Princip unsrer Kenntniß haben wir gefunden: es ist Wahrheitsliebe;
dabei ein Vermögen in uns, ein innerer Sinn, wodurch
uns jene Sinne Dienste leisten, und den nennen wir,
merket auf! Wahrheitssinn. Aber wie schreiten wir
jetzt weiter um zu Wahrheit zu kommen? oder lieber
zuerst, um von Allem, was man sieht, hört, oder
durch die Sinne gewahr wird, Begriff und dadurch
Kenntniß zu erlangen? Ohne Zweifel, wird man sagen,
durch Urtheilen. Aber was heißt Urtheilen? Vergleichen, lautet durchgehends die Antwort, und so das
Wahre vom Falschen scheiden. Aber wie ist dies möglich, so lange man noch nicht weiß, was das Wahre
ist? Dies zu erfahren ist es gerade, wozu das Urtheilen dienen muß. Auch fängt das Vergleichen
dann erst an, wann man schon verschiedenartige Gegenstände hat kennen lernen. Der Begriff des Ur-
theilens liegt in allen Sprachen: es ist scheiden,
unterscheiden, theilen. Die Griechen gebrauchen
κρινειν sowohl für scheiden, sichten, als für urtheilen. Durch Scheiden kömmt man zu richtiger Beurtheilung. Deßhalb sagen die Franzosen: voilà un
homme d'un grand *discernement*. Wir sagen: tot

jaren van *onderscheid* komen (¹). Beide wollen wir
dadurch Urtheil andeuten. Doch, meine Leser! wir
sprechen von Urtheilen: sehen wir, was in diesem
unserm Worte enthalten sei. Ist es nicht theilen,
scheiden? Und, bemerket wohl! ur steht voran, wie
in Urkunde, Ursprung, Ursache. Es deutet also
das ursprüngliche Wirken unseres Geistes an, wann
wir sehen, hören, kennen. Wir sehen dies im lateinischen cernere: ein und dasselbe Wort bezeichnet scheiden und sehen und gewiß, so wenig wir ohne innern
Sinn sehen oder hören, eben so wenig vermögen wir
dies ohne Gegenstände und Laute zu unterscheiden.
Drücken wir aber so mit unserem Urtheilen,
theilen und scheiden aus, etwas Anderes wird noch verlangt, um Etwas zu begreifen, recht zu fassen, gründlich zu kennen, überhaupt, zu wissen. Was Wissen
sei, suchte Zeno auf folgende Weise seinen Schülern
deutlich zu machen. Er streckte seine offene Hand aus:
das ist das visum, sagte er, was man sieht; darauf bog er seine Finger und sagte: das ist assensio,
toestemming (²); dann zeigte er ihnen die Faust mit
den Worten: das ist comprehensio, Καταάληψις,
bevatting (³); endlich drückte er die Faust mit der
linken Hand noch fester zusammen und sagte: seht
hier das Wissen. O welche Umstände, würde man
sagen, um dasjenige auszudrücken, was uns die Sprachen von selbst darbieten! Καταάληψις bildete er zu einem
neuen Worte: aber sagen die Franzosen nicht einfach

(¹) Zu Jahren des Unterscheidens kommen.
(²) Zustimmung, Beipflichtung.　　(³) Begreifen.

comprendre, welches vom Lateinischen comprehendere stammt? Und wir? Habe ich nicht schon die Wörter gebraucht? Durch unser vatten (¹), bevatten (²), begrijpen (³), drücken wir ja dieses Kunstwort und alle jene Gebärden Zeno's vollkommen aus. Doch seht nur, wie weit uns unsere sowohl als die deutsche Sprache, in Plato's Dialektik vorschreiten läßt! Diese besteht doch ganz, wie wir wissen, in Trennen und Verknüpfen. Dazu noch dieses! Jenes Trennen und Verknüpfen, sagte der griechische Philosoph, ist die schönste Gabe, die die Götter, ich weiß nicht durch welchen Prometheus, den Menschen geschenkt haben. Nein, sagen wir jetzt, keines Prometheus bedurften die Götter dazu: in unserer Seele liegt es, so wie diese einmal durch sie gebildet ist, wie es uns die Sprachen erkennen lassen. Ist dem denn nicht so? auch nicht ein Wort nannte ich, dessen sich nicht ebenso gut der Bauer hinter dem Pfluge, wie die ersten unserer Philosophen bedienen. Vat ge dat niet (⁴)? begrijpt ge dat niet (⁵)? heeft dat mensch dan geen oordeel (⁶)? hört man ohne Unterschied einen Jeden sagen. Und ebenso auch, was ich hier nicht übergehen darf, das Lateinische cogitare. Der niedrigste Sclave in Rom gebrauchte es ebenso wie Marcus Tullius Cicero; und was heißt dieses? Eigentlich zamenvatten (⁷): es ist das Frequentativum von cogo, das von coago stammt

----

(¹) Fassen. (²) Erfassen. (³) Begreifen.
(⁴) Fassest du das nicht? (⁵) Begreifst du das nicht?
(⁶) Hat der Mensch denn gar kein Urtheil?
(⁷) Zusammen fassen.

Denken ist demnach Zusammenfassen, conferre quod discrevimus. Combiner sagen die Franzosen sehr richtig. Denn mehr als zwei Begriffe verbinden wir nie zugleich. Doch wie vollständig, fast möchte ich sagen wie Platonisch wird in unserer Sprache nicht jene Gabe des Scheidens und Verbindens des griechischen Philosophen ausgedrückt, wenn wir von einem einfältigen Menschen sagen: hij heeft noch oordeel noch bevatting (¹)! Aus diesem Absprechen sieht man wie Urtheil und Begriff zu Klugheit und Verstand gehören.

So wissen wir denn jetzt, durch den Genius der Sprachen geleitet, was Begriffe sind; durch Trennen und Verknüpfen entstehen sie: und so gelangt das Thier, der Hund, das Pferd, wie der Mensch zum Begriffe der Gegenstände, die gesehen, gehört, geschmeckt werden. Aber der Mensch übertrifft durch seine Anlage das Thier in all dem Genannten bei weitem, besonders auch im Vereinigen oder Combiniren der Begriffe, wodurch er zur Vergleichung und Beurtheilung der Gegenstände kömmt und zwar dadurch, daß er den Begriffen willführliche Zeichen beilegt, vorzüglich durch Lautzeichen, durch den Gebrauch der Wörter. Erwähnte französische Schule hat sich, indem sie dieses genau untersuchte, um die Philosophen sehr verdient gemacht: daher ihre vortreffliche Lehre der Zeichen: l'art des signes. Aber jene ganze art des signes, liegt sie nicht in unserer Sprache? liegt sie nicht in unseren Wörtern merken (²), bemerken (³), opmerken (⁴)? Von dum-

---

(¹) Er hat weder Urtheil noch Begriff.

(²) Merken.   (³) Bemerken.   (⁴) Aufmerken.

men Menschen sagen wir: sie sehen und hören wohl, aber sie merken nicht auf, und wir nennen sie Esel, weil sie dies mit den Thieren gemein haben. Was ist es anders, als daß sie kein teeken (¹), oder besser gesagt, kein merk (²), aus den Gegenständen ziehen, um sich dieselben richtig vorzustellen, und gegenseitig zu combiniren?

Wohl aufzumerken war darum immer die Lehre aller Philosophen: ohne Aufmerksamkeit werden keine Fortschritte gemacht, sei es worin es wolle. Aber betrachten wir unser kenmerk (³): es ist merk um zu kennen, kein Kennen ohne merken. Betrachten wir unser oogmerk (⁴): es ist dasjenige, dem wir gleichsam mit unserem Auge ein merk gegeben haben, um darnach zu streben.

Während wir so fortschritten, sind wir, wie mich dünkt, schon ziemlich weit gekommen. Denn seht! weit hinter uns haben wir bereits das vernunftlose Thier gelassen, dem es zwar nicht an Aufmerksamkeit fehlt, das jedoch aus Mangel an willkührlichen Zeichen, besonders der Sprache und Rede stehen bleibt, wo es vor Jahrtausenden stand, während der Mensch in Kenntniß und Wissenschaft vorschreitet. Diesem Merken, Bemerken, Aufmerken, dieser Aufmerksamkeit im weitesten Sinne des Wortes, werden wir es wohl vorzüglich zuschreiben müssen, daß wir zu Wahrheit und zu allererst zu vollkommener Sachkenntniß gelangen, deren das vernunftlose Thier unfähig ist.

(¹) Zeichen.　　　　　　　(²) Merk. Marke. Mal.
(³) Merkmal, Kennzeichen.　(⁴) Augenmerk, Absicht.

Doch was vermag Aufmerksamkeit, was auch
Wahrheitsliebe und jener Sinn in unserm Innern,
jener Wahrheitssinn, der vermittelst der Sinnes-
werkzeuge wirkt, wie auch jenes Urtheilen, Fassen und Begreifen, jenes Beurtheilen, was vermag dies Alles ohne die rede? Dies ist der wichtige
Gegenstand, zu dem wir jetzt übergehen müssen.

Aber was dünkt Euch, meine Leser! haben wir nicht
wirklich in all jenen Wörtern schon längst die Spur
entdeckt, auf der wir zur Auflösung unserer wichtigen
Frage gelangen? Wie weit uns diese vielleicht noch
leiten werde, weiß ich nicht; doch mögen wir indessen
hier schon aufmerken, wie leicht wir so fortschreitend,
zwei Menschenklassen von verkehrten Grundsätzen und
Handlungsweisen zurückbringen köuncu. Ich meine
zuerst die Sophisten älterer und neuerer Zeit, die da
wollen, daß wir Alles bezweifeln, als ob wir durchaus
nicht zu Kenntniß und Wissenschaft, geschweige denn
zu Wahrheit, gelangen könnten. Merkten sie doch nur
auf unsere Sprachen, besonders auf unser Wahrheitsliebe und Wahrheitssinn, einsehen würden
sie, meines Erachtens, nicht nur, daß wir eine Natur-
anlage zu Kenntniß und Wissenschaft haben, sondern
auch wie wir zu denselben gelangen können. So giebt
es aber auch Andere, die grade entgegengesetzt handeln,
und uns häufig durch Räsonniren, Behaupten und Be-
weisen([1]), durch Schlüsse verbunden mit Schlüssen, gleichsam zum Geständnisse zwingen wollen, daß es Wahr-

---

([1]) Im Holländischen: door alnitredenen aan alnitreden te
knoopen.

heit gebe, ja daß ihr System allein für Wahrheit ge=
halten werden müsse. Es sollte mich nicht wundern,
daß auch diese Menschenklasse, wenn sie mit uns auf
unser rede, redekunde (¹), und auch auf jenes Wort,
dessen ich mich eben bediente, sluitredenen (²) Acht
haben wollte, sich vor dieser Thorheit wohl hüten wür=
de. Solches jedoch muß uns unsere Forschung näher
einsehen lassen. Wir fahren nur immer mit der Frage
fort: wie der Mensch zu Wahrheit gelange, und hierbei
wird uns das sinnreiche Wort in unserer Sprache, jenes
rede, wohl noch auf Manches aufmerksam machen.

***

Ausführlich haben wir in unseren Sokratischen Un=
tersuchungen in den Wissenschaften über dieses Seelen=
vermögen des Menschen gehandelt, und, so wie es
sich dort zeigte, ist es nichts Anderes als eben jener
Wahrheitssinn, eben jene Kraft des menschlichen Gei=
stes, von der wir bis jetzt sprachen. Seiner besonderen
Wirkungsart wegen unterscheiden wir es jedoch von
unserem Wahrheitssinne. Und wollen wir wissen, von
welcher Art denn jene Wirkungsart sei, so sind es
wiederum die Sprachen, dünkt mich, welche sie uns
kennen lehren, und zwar noch deutlicher, noch be=
stimmter, als die Sokratische Philosophie selbst.

Rede gebrauchen wir sowohl von einem Gespräch,
als von erwähntem Seelenvermögen, und das möchte
wohl nicht ganz înfällig sein, da es sich eben so mit
dem Griechischen λόγος verhält. Und wirklich, wann

***

(¹) Vernunftlehre, Logik. (²) Siehe p. 28. Schlußrede.

2*

wir denken, ist es dann nicht, als ob wir mit uns
selbst sprechen? Ich fragte einst ein Kind: »Was machst
du da?” — »Denken,” sagte es, »ich sitze in Gedanken.” — »Und was thust du denn, wenn du denkst?” —
»Sprechen mit geschloßnem Munde,” lautete die Antwort. Dies überraschte mich: um so mehr, da ich
unlängst beinahe eben dasselbe im Plato gelesen hatte.
»Denken,” sagt dieser Philosoph (¹), »ist ein Gespräch
der Seele mit sich selbst, in unserm Innern, stille,
ohne Laut: und Sprechen, fügt er hinzu, ist die ver-
nehmliche Aeußerung des Denkens durch den Mund.”
Er führt zum Beweise dessen die häufigen Selbstge-
spräche an, die in der Iliade, der Odysse und in
den Trauerspielen vorkommen, worin die Helden, bei
Erwägung dessen, was sie thun sollen, mit sich selbst
gleichsam im Gespräche begriffen sind. Dasselbe ist
schon im Lateinischen secum volvere, in unserem bij
zich zelven overleggen, overwegen, wikken en wegen (²) enthalten, und ganz und gar stimmt es mit
unserem Ausdrucke, ik zeg het bij mij zelven (³),
überein, welchen man bei den Alten, z. B. in Xenophon's Anabasis, so oft antrifft. Als er sich mit
seinem Heere, ohne Befehlshaber, mitten unter den
Feinden befand, erwachte er des Nachts aus einem
Traume, und, wie er selbst erzählt, sagte er bei
sich selbst: »Was lieg ich hier doch? Die Nacht ver-
streicht indessen, und Keiner bekümmert sich hier um

(¹) Soph. 263 E.
(²) Bei sich selbst überlegen, erwägen, hin und her überlegen.　　　　　　　　　　(³) Ich sage bei mir selbst.

den Zustand, worin wir uns befinden. Ich bin zwar
jung; doch während ich hier lange liege, werde ich
nicht viel älter." So sprach er gleichsam mit sich selbst
überlegte, stand auf, ließ Andere wecken, und ermu-
thigte die Seinigen, vor dem Feinde Stand zu halten.
Ein ähnliches Gespräch mit sich selbst, stille, ohne
Laut, wie Plato es nennt, finden wir in dem Briefe
des Servius Sulpicius an Cicero, als er ihn über den
Tod der Tullia tröstete: »Da ich auf der Rückreise
aus Asien von Aegina nach Megara fuhr, nahm ich
die umliegenden Gegenden näher in Augenschein. Hinter
mir lag Aegina: vor mir Megara: rechts Piräus,
links Corinth: welche einst so blühenden Städte jetzt
verwüstet vor uns liegen. Damals dachte ich so bei
mir selbst: Was! wir schwache Menschen entrüsten uns,
wenn Einer der Unsrigen gestorben oder umgekommen
ist, deren Leben von so kurzer Dauer sein muß, da doch
auf einer und derselben Stelle gleichsam die Leichen so
vieler Städte hingestreckt liegen! Wirst du, Servius!
wohl dich selbst bezwingen und denken, daß du Mensch
geboren bist?" — Der Pythagoräer fragte sich jeden
Abend: »Wo fehlte ich? Was verrichtete ich? Was müßte
ich gethan haben und was habe ich zu thun unterlas-
sen?" So sind es also nicht nur Kinder, deren Denken öfters ein Sprechen mit verschlossnem Munde
ist; auch Erwachsene sind es, die dies thun, Feldherrn,
Staatsmänner, Philosophen, und ich glaube nicht, daß
je Einer zu Verstand gekommen, viel weniger zu Weisheit gelanget sei, der sich so nicht viel und oftmals mit
sich selbst unterhielt. Seht hier, meine Leser! dies ist
die sinnreiche Bedeutung unseres rede.

Denken also ist Sprechen, Sprechen ist Denken: φραζειν bezeichnet Beides, wie unser rede: daher auch die Verwandtschaft im Ausdrucke sowohl als im Begriffe des redeneerkunde (¹) und redekunst (²). Das διαλεκτικη der Griechen, welches die höchste der reinen Wissenschaften anzeigt, bedeutet eigentlich die Unterredungskunst. Hätten die Philosophen dieses beim Schreiben ihrer Bücher über die Logik in Anmerkung genommen, wie einfach, wie verständlich, und dennoch philosophisch würden sie diese so sehr anziehende und jetzt so trockene Wissenschaft vorgetragen haben! Und unsere Schriftsteller der Rhetorik besonders, welche jetzt so gering geschätzt werden, hätten sie, wie Plato, dies nur in Acht genommen, daß, wie das Denken, Sprechen mit sich selbst, so das Sprechen ein Erguß dieses stillen Gespräches mit sich selbst, und das Schreiben ein Abdruck des hörbaren Sprechens sei, wie deutlich und wie reich an wichtigen Folgen wäre uns alsdann nicht ihre Vorschrift geworden: Sprich, wie du denkst, und schreibe, wie du sprichst. Längst schon hätten wir dieses und jenes aus unseren Sprachen so wohl, als aus Plato's Schriften erlernt haben müssen.

Dies Alles jedoch reicht noch nicht hin, um uns die Wirkungsart der rede vollkommen begreiflich zu machen. In unserem rede liegt außerdem noch etwas Bemerkenswerthes. Mit einer kleinen Veränderung des Ausganges (und vielleicht ist diese noch willkührlich) sagen wir reden geven von Etwas, rationem reddere,

---

(¹) Dialectik.   (²) Rhetorik, Redekunst.

zich zelven reden van iets geven, λόγον ἑαυτῷ διδόναι; daher die Bedeutung von beweegreden (¹), Ursache. Kein Wunder: denn was thut der Mensch von Kindheit an, beim Denken und dem Gebrauche der Vernunft, häufiger, als Ursachen aufsuchen, von Allem zich reden te geven? Bei Allem, was das Kind sieht und hört, frägt es nach Grund und Ursache. Warum ist das so? Wie kommt das? Das Warum und Darum kommt alle Augenblicke in Kindergesprächen vor. Dies ist unserer rede eigen, so wirkt sie ihrer Natur nach, und so nur hat sie zu jeder Zeit den Menschen zu den größten Entdeckungen geführt. Wiederum eine Lehre für alle diejenigen, welche über Logik schreiben. Mit Fragen fängt die wahre Vernunftlehre an, nicht mit Festsetzen und Beweisen, wie man gewöhnlich glaubt. Die ganze Philosophie des Sokrates wie auch des Plato bestand in Fragen: ihre Induction, oder vielmehr Epagoge führte zu deren Auflösung. Ohne Aufmerksamkeit, wie gesagt, kommt man nicht zu großen Entdeckungen; die Folge aber dieses Aufmerkens ist Fragen. Ist dem so? was mag doch wohl die Ursache davon sein? frägt das Kind sich selbst im älterlichen Hause, und lernt dadurch Alles in demselben und den Gebrauch und Endzweck eines jeden darin befindlichen Dinges kennen. Doch eben so auch Thales, Philoläus, Copernicus, wie wären sie ohne jenes Fragen, ohne sich von Allem Rede (²) zu geben, zur Kenntniß der Naturerscheinungen, zum Vorhersagen der Eclipsen, zum Vermuthen, ja Beweisen

---

(¹) Beweggrund.   (²) Rechenschaft.

des Laufes der Erde um die Sonne gelangt? Zur
Gewißheit in all diesem brachten uns Kepler und
Newton, und zwar hauptsächlich durch Anwendung
der Algebra auf Natur- und Sternkunde. Aber was
ist Algebra? Besteht sie nicht in Fragen und Auflösung·
der Fragen? Dies Alles liegt in unserem Worte rede,
in unserer Redensart: zich reden van iets zoeken te
geven (¹), wodurch man frägt und zu Entdeckungen
kömmt. Und auch dieses ist nicht zufällig in unserer
Sprache: liegt es doch ebenfalls im Griechischen λόγος,
im Lateinischen ratio, im Französischen raison, wie es
aus ähnlichen Ausdrücken jener Sprachen erhellt.
Doch von Algebra gesprochen: merken wir hier noch
auf eine Bedeutung der rede in allen jenen Sprachen.
Es bezeichnet auch Verhältniß oder Proportion: und
merken wir auf! Wie gelangt man durch die Algebra
zur Entdeckung? Geschieht es nicht durch das Fragen
nach dem unbekannten X oder Y? Euler definirt die
Algebra: Anweisung wie man durch bekannte
Größen andere unbekannte finden kann. Und
gelangt man nicht zur Auflösung derselben, indem
man die reden des Einen zum Andern beobachtet? Ich
wiederhole es: Belehrungen sind hieraus zu schöpfen,
die für Dialectik und Rhetorik, ja für alle Wissenschaften höchst wichtig sind.

———

Und so gelangen wir hier von selbst zur besten
Methode des Unterrichts. Jene doch wird wohl die

———
(¹) Sich bemühen sich Rechenschaft von Etwas zu geben.

beſte ſein, welche mit der Natur und Wirkungsart
der Vernunft am meiſten übereinſtimmt. Leicht ſehen
wir hier alſo ein, wie unnatürlich jenes Einbläuen
und Eintrichtern geweſen, das früher ſo üblich war,
und wie ſo ganz und gar der Natur angemeſſen,
wonach man jetzt ſtrebt: durch Frägen das Kind
dahin zu bringen, daß es ſich von Allem die Urſache
angiebt. Aber eben dieſe, die echt Sokratiſche Lehr-
methode, liegt ſie nicht auch außerdem in uuſerem
opleiding (¹)? Es iſt das Sokratiſche Wort, ἐπαγάγειν,
ἐπαγωγὴ: Induction haben die Lateiner daraus gebildet: eigentlich heißt es, worin die Natur der Sokra-
tiſchen Methode beſteht, vom Kleineren zum Größern,
vom Bekannten zum Unbekannten opleiden (²). Ueberdieß! Was unterweiſen ſei, drückt ſolches eben daſſelbe Wort unterweiſen, nicht von ſelbſt aus? Es
iſt unterſcheidend weiſen, auf Alles aufmerkſam machen,
und ſo fragen und entdecken laſſen.

Auf dieſe Weiſe, däucht mir, können wir mit Hülfe
der Sprachen allein, zwei wichtige Fragen auflöſen:
Wie kommt der Menſch dazu, durch ſich ſelbſt
Etwas zu wiſſen? Wie lernt er durch Andere?
Der Deutlichkeit halber will ich dieſes anſchaulich
machen. Als Cyrus gegen Artaxerxes zog, wurde er
endlich des auf ihn anrückenden feindlichen Heeres
gewahr. Xenophon beſchreibt dies meiſterhaft. Folgen wir ſeiner Erzählung. Zuerſt ſah man in der
Ferne eine weiße Wolke, und bald darauf einen ſchwar-

(¹) Erziehung.
(²) Anleiten, jedoch ganz das Griechiſche ἐπαγάγειν.

zen Flecken. So bemerkte man die Annäherung
eines Heeres. Das Kennzeichen aber hiervon schien
jene weiße Wolke, jene Staubwolke, wie auch jener
Fleck, welcher das Heer selbst war, doch ohne Unterschied in Farbe und Gestalt, demnach etwas Schwarzes
vorstellte, zu sein. Doch mit Aufmerksamkeit schaut
man hin und sieh! dort erglänzt ein Schild: und nun
unterscheidet man in jenem Flecken Waffen, Fuß-
volk, Reiterei. Indem man endlich durch Scheiden
Alles verbindet, unaufhörlich sich selbst frägt: was
mag das sein? und sich von Allem, was man unterscheidend gesehen, reden (¹) giebt, gelangt man zum
vollkommnen Begriffe. Es ist Artaxerxes heranrü-
ckendes Heer! ruft man. — Und verlangt Euch, meine
Leser, zu sehen, wie Einer vom Andern lernt? Keinen
Lehrer werde ich Euch vorstellen, der sich, wie man
zu sagen pflegt, einzutrichtern und einzubläuen ab-
müht, auch keinen, der a priori urtheilt, sondern
einen solchen, der unterweiset, das heißt, durch
Weisen lehret. In dem Phoenissae des Euripides
ersteigt die junge Antigone mit ihrem Pädagogen die
Mauer, um das feindliche Heer ihres Bruders Polynices, welches um die Stadt gelagert ist, zu be-
schauen. Dort angelangt, sieht sie Alles durch einander, Zelte, Waffen, Pferde, Menschen. Von Nichts
hat sie deutliche Vorstellungen: ein verwirrtes Ganze
ist es, das sie in Erstaunen setzt, doch nicht befriedigt.
Was thut jetzt der Pädagoge? Alle Lehrer könnten
wohl von jenem Sclaven lernen. Er theilt ihr nicht

(¹) Rechenschaft.

seine eigene Weisheit mit, wie wenn er ihr z. B. nach_
gehöriger Einleitung in die Kriegskunst, eine deutliche Vorstellung von jener Belagerung gegeben hätte.
Weit entfernt. Er sagt: sieh doch hieher, was mag
das sein? und nun dorthin, wer ist das? So macht
er sie auf dasjenige aufmerksam, was sie vor sich
hat, so unterscheidet sie dies und jenes, so verbindet sie Alles mit einander, und verläßt nicht eher
die Mauer, bevor sie von diesem ganzen Heere und
dessen Befehlshabern deutliche Begriffe erhalten hat.

Es ist eine Erholung für den Geist, meine Leser!
sich auf diese Weise, nach Anleitung der Sprachen,
mit der Philosophie zu beschäftigen. Unwillkührlich
wenden wir sie so auf unser ganzes Leben seit unserer Kindheit, auf alle unsere Erfahrung beim Nachforschen und Entdecken an. Und sehen wir wohl, wie
tief wir dadurch ungemerkt und gleichsam von selbst
in die Sokratische uud Platonische Philosophie einge-
drungen sind? So eben brachten uns drei oder vier
Wörter unserer Sprache, wie wir uns erinneren,
zintuig, oordeelen, vatten, begrijpen, schnell auf
Plato's Dialectik, die Kunst des Scheidens und Verbindens: und nun unser opleiding, unser onderwijs,
giebt es uns nicht von der Sokratischen Induction, und
der wichtigen Sache, die wir dadurch auszudrücken
suchen, deutlichere und bestimmtere Begriffe, als wir
davon in den Schriften so manches Philosophen finden?

Von Jugend an hegte ich einen Widerwillen gegen
Alles, was ich Logik nennen hörte. Denn, wie konnte
dies anders sein? Man verstand darunter fast nur
die Lehre der Syllogismen. Das Lesen im Plato nebst

Aristoteles und Cicero söhnten mich mit derselben wieder aus: ich lernte Logik von Dialectik unterscheiden,
jene als Philosophie des Wahren; diese als Mittel
dieser Philosophie, um zu Wahrheit zu gelangen: was
mich Beide vom rechten Gesichtspunkte aus betrachten
ließ. Hätte man mich jedoch auf unsere eigenen Ausdrücke oordeelen und bevatten besonders opleiding,
wie auch auf das Wort, womit wir Syllogismen
bezeichnen, fluitredenen (¹) aufmerksam gemacht: ich
zweifle keinesweges, daß ich die Logik sowohl mit Lust,
als mit Nutzen betrieben hätte. Man würde mich
alsbald, indem man mich Letzteres in Acht nehmen
ließe, behutsam gemacht haben, um nicht unbesonnen
weiter zu schreiten, und damit einen Anfang zu machen, womit ich hätte endigen müssen. Denn jene
Lehre der Schlüsse, setzt sie nicht nach dem Sinne des
Wortes voraus, daß man vorher geöffnet habe?
Denn so erst schließt man: und dies liegt sowohl in
unserem besluiten (²), als im Lateinischen concludere
oder conclusio, welches in die französische und andere
neueren Sprachen übergegangen ist. So nun, hätte
man mir durch die opleiding des Sofrates und besonders durch das Trennen nnd Scheiden des Plato,
wie es in unserem oordeelen liegt, die Kunst gelehrt,
zu eröffnen, auseinander zu setzen, zu entwickelen, durch
Scheiden zu finden, wie wichtig wäre mir dann nicht
jene Kunst der Schlüsse, die im Verbinden, dem
συναγάγειν des Plato, ja im ursprünglich Lateinischen
cogitare bereits enthalten ist, geworden. Mein Geist,

(¹) Schlußrede.   (²) Schließen.

däucht mir, wäre auf diese Weise durch die Logik aufs
geklärt, wie er jetzt dadurch verfinstert wurde, so daß
ich das bekannte Anagramm auf dieselbe, als sei
sie wirklich caligo, gut ersonnen fand. Sehr natür=
lich! Man machte damit den Anfang, womit man
hätte endigen müssen, wie es der Gang des mensch=
lichen Geistes, als auch der Geschichte der Philosophie
mit sich bringt und zu erkennen giebt. Zuerst doch
die Methode des Sokrates und Plato, die des rich=
tigen Theilens und Unterscheidens, um dadurch zum
Auffinden des Wahren zu gelangen, bevor jene von
Aristoteles, Plato's Schüler, die Methode des Bewei=
sens, die Lehre der Schlüsse angewandt wurde. Und
handelt man nun so wider den Gang der Natur,
beginnt man mit Schließen, bevor man geöffnet hat,
wie, bitte ich, kann man da aufhellen?

Aber es kommt hier abermals darauf hinaus, wo=
vor man Jeden, der nach Kenntniß und Wahrheit
strebt, nicht genug warnen kann; daß man wissen
und beweisen, durch Schlüsse beweisen will, bevor man
gesucht und gefunden hat. Und deßhalb wollen wir
Logik und Dialectik nicht zum Festsetzen und Wider=
legen mit Beweisgründen, sondern zu allererst um
Kenntniß und Wissenschaft zu erlangen, anwenden;
dann aber müssen wir so verfahren, wie wir bei unse=
rem Sprechen andeuten, so oft wir uns der Lieblings=
ausdrücke, ontvouwen, ontwikkelen, uitleggen,
uiteenzetten (¹), oder der Lateinischen, explicare,
exponere, enucleare, bedienen. Kurz öffnen müssen

(¹) Entfalten, entwickelen, auslegen, auseinandersetzen.

wir, wie es Cicero (¹) mit seinem aperire ausdrückt, und wir es mit unserem openbaren (²) im höheren Sinne, das wir der Gottheit zuschreiben, bezeichnen.

Dies und jenes kann uns, meines Erachtens, von der Thorheit jener sogenannten Dialectiker und Dogmatiker abhalten, die im Mittelalter und leider! auch noch in neueren Zeiten nichts thaten, als vermittelst Syllogismen Lehrgebäude aufstellen. Es waren denn auch Lehrgebäude, συςήματα im eigentlichen Sinne des Worts, und ganz aus ihrer eignen Mache. Man nahm allgemeine Sätze zur Grundlage an, stützte auf diese durch Syllogismen wiederum andere und baute so fort und fort, bis endlich daraus ein wohlgeordnetes Lehrgebäude, ein System zum Vorschein kam, in welchem man sich, wie in einem Gebäude, in einer unbezwinglichen Burg, gegen jeden Angriff vertheidigte. Die Zeit hat gelehrt, wie all jene Kunstprodukte der Dialectik, beim Wanken der Grundlagen eingestürzt und verschwunden sind. Aber dies Alles, besonders das Verfechten der Grundsätze und Systeme, war es wohl Dialectik? Fast möchte ich sagen, es sei das Gegentheil der wahren Dialectik gewesen. Διαλεκτικη unterscheiden die Griechen sehr genau von ἐριστικη: wir deuten gleichfalls jenen Unterschied an, wann wir twistredenen (³) und twistschriften (⁴), unpartheiischer Forschung nach Wahrheit und echter Dialectik entgegensetzen. Wer sich jener bedient, verfährt wie die Dogmatiker und Systematiker: er hascht,

---

(¹) Cic. ex. c. de Orat. 1, 18.   (²) Offenbaren.
(³) Wortstreit.   (⁴) Streitschrift.

was er haschen kann, um sein einmal dargestelltes
System zu vertheidigen, sich bald dieses bald jenes Macht:
spruches bedienend, wahr oder falsch, passend oder un:
passend, das gilt ihm gleich, wenn er nur siegend den
Kampfplatz verläßt, und alle gegen ihn gerichteten An:
griffe zurückgeschlagen hat. Dies Alles ist gerade das
Gegentheil von demjenigen, was die Natur der Sache,
nach Anweisung der Sprachen, vom Dialectiker fordert.
Eben dieses Griechische διαλεκτική, wie wir schon oben
erwähnt, stammt von διαλεγεσθαι, und bezeichnet dem:
nach unterreden: und die Bedeutung unseres redeneerkunde ist ganz in der unseres rede begründet.
So ist es denn zu allererst jenes Sprechen der Seele
mit sich selbst, wobei sie scheidet und verbindet,
sich Begriffe bildet, Alles aufmerkt, von Allem
sich Rechenschaft zu geben sucht und so zur Sach:
kenntniß gelangt: dann weiter das Sprechen mit
Andern, und zwar auf dieselbe Weise, durch dieselben
Mittel, zu demselben Endzwecke. Solches deutet das
Lateinische disputare sehr genau an: es ist gegen:
seitiges Sprechen und zwar ad putandum, um zu
reinigen, um zu reiner Wahrheit zu gelangen: ja,
es liegt in unserem nicht weniger deutlichen Ausdrucke
overreden ([1]), wodurch man allein auf geschickte,
aber zugleich auch auf die kräftigste Weise der Wahr:
heit vorstehen und ihr den Sieg verschaffen kann.
Das ist dialectica ihrer Art und ihrer natürlichen
Bestimmung nach, und so hat sie eigentlich mit jener

([1]) Ueberzeugen, überführen, überreden, im guten Sinne
des Wortes.

Systemmacherei und jenem Wortstreiten der Dogmatiker und Eristiker Nichts gemein.

―――――

So wären wir denn, indem wir der von uns entdeckten Spur folgten, auf gewisse, man erlaube mir
sie so zu nennen, Naturdialectik gekommen, die
vielleicht allein und für sich selbst schon hinreichend
scheinen könnte, den Menschen zu Wahrheit zu leiten.
Denn befleißigt er sich, nach ihrer Methode, eines
rechten Scheidens und Verbindens, so gelangt er von
selbst zu Begriffen, zu Kenntniß und Wissenschaft, zu
einer Beurtheilung aller Dinge und so endlich zu
Wahrheit. Und gewiß, in Betreff des Sinnlichen,
haben wir, wie es mir scheint, unsere Frage bereits
aufgelöset. So doch geschieht es, daß sich für das
tägliche Leben Menschen ausbilden, die man gewöhnlich Menschen von Urtheilskraft, Menschen von
richtigem Begriff, Menschen von gesundem
Verstande nennt. In jedem Rang und Stande, auch
in den weniger gebildeten, findet man deren: und wir
wundern uns, so oft wir dieselben reden hören, mit welcher Fertigkeit und gleichsam von selbst sie hinsichtlich der
gewöhnlichen Lebensverhältnisse das Wahre finden und
ausdrücken. Aber genügt dies eben so sehr, um bei
übersinnlichen oder abstracten Gegenständen, z. B. bei
der Natur des Menschen, der Bildung des Weltalls,
dem Wesen der Gottheit und Aehnlichem zu Wahrheit zu gelangen? Leicht möchte man denken, daß
dazu noch etwas Anderes, nicht nur eine höhere,
sondern auch eine ganz andere Dialectik erforderlich

wäre. Es waren meistens Weise und Philosophen,
Männer von ausgezeichneten Geistesgaben, welche
darnach strebten; und, zum Beweise, wie schwer dieses
falle und was dazu nicht Alles nöthig sei, hat die
Geschichte der Philosophie zu jeder Zeit gelehrt, daß
sie, anstatt hinsichtlich dessen eben so leicht, wie beim
Sinnlichen, zu Wahrheit zu gelangen, sehr oft zu verkehrten Begriffen, unvollständiger Kenntniß und Wissenschaft, falschen Urtheilen, ja zu den gröbsten Irrthümern gekommen sind. Um sich davor zu hüten,
möchte man sagen, sind noch außerdem und zwar
vorzüglich allgemeine Begriffe, zur genaueren Bestimmung der besonderen, erforderlich, und muß man
sich hoch über die sinnliche Welt in die denkbare (¹)
erheben: was man doch so durchgehends von gewöhnlichen Menschen nicht verlangt. Die Frage scheint
also, was die Philosophen betrifft, noch erst theilweise beantwortet zu sein. Ja, es könnte uns
selbst vorkommen, als ob all das Wahrgenommene
nur Vorbereitung, zur Auflösung jenes großen Pro-
blemes: »Wie gelangt der Mensch zu Wahrheit?« sei.

Wir treten hier, wie wir sehen, in die denkbare Welt
ein, bei deren Betrachtung die Vernunft mehr für
sich allein wirkt, nur Bilder aus der sichtbaren Welt
entlehnt, um über das Gute, das Rechte, über Tugend, Gottesdienst und Weisheit, was Alles durch

––––––––––––

(¹) Man nehme hier wie anderswo unser denkbar (Holländisch denkbaar, Griechisch νοητὸς, im Gegensatze des ὁρα-
τὸς) für das gebräuchlichere Intellectuell.

keine äußern Sinne wahrgenommen wird, zu denken
und zu urtheilen. Hier also besonders, in dieser
Welt der reinen Vernunft, wie man sagt, fragen wir nach Wahrheit, und um so mehr, um so
ernstlicher thun wir dies, da wir uns bei all dergleichen abstracten Gegenständen viel leichter und gewiß
noch mehr, als beim Urtheilen über sinnliche Gegenstände, zu unserem Nachtheile, irren können. Giebt's
vielleicht, werdet Ihr fragen, ein Kennzeichen der
Wahrheit? Ja, gäbe es ein solches, lieber Leser! wie
sehr würden wir uns freuen! In mancher Schrift
über die Logik und besonders in der Lehre der Stoiker
suchte ich absichtlich und eifrig nach demselben. Vor
Allem wichtig schien es mir, ein solches criterium zu
finden. Denn wollen wir wissen, dachte ich bei mir
selbst, ob unser Gold rein oder verfälscht sei, haben
wir dazu gleich einen Probierstein bei der Hand; doch
wie viel wichtiger ist es uns nicht zu wissen, ob dasjenige, was wir für Wahrheit halten, wahr oder
falsch sei! Indessen habe ich einen solchen Probierstein
für die Wahrheit noch nicht gefunden, und selbst zu
bezweifeln angefangen, ob ich ihn wohl je finden
werde. Denn Philosophen, sah ich, hatten zu jeder
Zeit darnach gesucht, und mancher unter ihnen sich
sogar eingebildet, denselben gefunden zu haben; wäre
ihnen jedoch solches gelungen, dachte ich, warum be-
nutzten sie ihn denn nicht? warum probierten sie denn
nicht ihre eigenen Systeme daran, die später so voller
Mißgriffe und Irrthümer befunden wurden? Vergebens
suchte ich auch, mir aus den Sprachen Aufklärung zu
verschaffen: wohl haben wir in der unserigen ein vor-

treffliches Wort, wiskunde (¹), und diese Wissenschaft dessen was wis, gewis, wis en zeker (²) und demnach wahr ist, enthält auch wirklich einen Probierstein des Wahren, wie uns schon die Rechenkunst zeigt, worin wir, wie man sagt, de proef op de som nemen (³): auch hat man sich im vorigen Jahrhunderte jener Wissenschaft des Wahren bedient, um es in Allem zu unbezweifelter Wahrheit und Gewißheit zu bringen. Wolf war hierbei der Anführer, und wer folgte ihm damals nicht! Doch schon bald sah man ein, daß Mathematik zwar zu höheren Wahrheiten führen könne, und wirklich das Weltall mit dessen Gesetzen zum Theil erklärt habe, doch auf die sittliche Welt und deren Gesetze nicht angewandt werden könne. Aber wie nun? sagte ich, wie kommen wir denn in der Sittenlehre, im Gottesdienste zu Wahrheit? oder ist dazu kein Mittel vorhanden?

So geräth man in Verlegenheit, wenn man nicht die Vorstellungen von Menge und Größe genau von den Ideen des Schönen, Guten, Rechten, Heiligen, Göttlichen unterscheidet. Erstere, wie die der Zahl und Figur, von 1, 10, 20, 100, vom Dreieck, Zirkel und der Ellipse, treten deutlich vor unsere Seele, während letztere sehr unbestimmt darin liegen. Darum finden wir in der Mathematik Wahrheit, unwidersprechliche Wahrheit und zugleich einen Probierstein,

---

(¹) Mathematik.
(²) Sprüchwörtlich für gewiß und bestimmt.
(³) Eine Probe machen z. B. bei der Division durch die Multiplication.

3*

um uns davon noch mehr zu überzeugen: in der Sittenlehre aber, in unserer Religionslehre gelangen wir
zu keinem so vollständigen Wissen: geschweige denn,
daß wir mit demjenigen, was wir davon zu wissen
vermeinen, die Probe vornehmen könnten. Kehren wir
demnach von all jenen Bemühungen der Philosophen,
um ein criterium veri zu entdecken, zum Sokrates
und Plato zurück. Vielleicht macht uns die Philosophie des Letzteren auf Wörter unserer Sprache, und
deren Grundbedeutung aufmerksam, welche uns bei
diesen wichtigen Betrachtungen dienlich sein können.

Plato sprach nicht von einem Kennzeichen der Wahrheit, wenigstens nicht in dem Sinne, daß man alle
Begriffe und alle Kenntniß daran prüfen könne; aber
viel und fortwährend sprach er von Ideen. Auch
fiel es ihm, so weit wir wissen, nie ein, die Lehrart
der Geometrie auf alle Wissenschaften anzuwenden;
doch Mathematik, die Lehre der Wahrheit, wollte er
auf unseren Wahrheitssinn wirken lassen, um das
Organ der Seele, wie er sich ausdrückte, wodurch allein das Wahre anschaulich wird,
diesen unseren Sinn, dieses unser Seelenauge,
frühzeitig aufzuwecken, aufzuklären und zu schärfen.
Will man Wahrheit, sagte er, so muß man sich aus
der sichtbaren Welt zur unsichtbaren erheben, wozu
uns die Geometrie und alle ähnlichen Wissenschaften
anleiten. Diese doch bringt uns zum Begriff von
Zirkel, Quadrat, nicht so, wie diese Figuren mit dem
Auge gesehen, sondern wie sie durch den Verstand
selbst deutlich und rein wahrgenommen werden. Eben
so müssen wir durch die Logik zur Idee des Schönen,

Guten, Gerechten und Heiligen gebracht werden. Haben
wir einmal diese Ideen rein vor unserer Seele, wie
der Mathematiker seine Vorstellungen von Menge und
Größe und seine vollkommenen Figuren, dann, und
dann allein kann man von uns sagen, daß wir in der
übersinnlichen sowohl, als in der sinnlichen Welt, zu
Wahrheit gelangen. Dieselben Ideen sind es doch,
so sprach er weiter, die uns als Maßstab dienen, wonach wir Alles, was wir für schön oder häßlich, gut
oder böse, recht oder unrecht, heilig oder unheilig
halten, beurtheilen: ohne diese kein Urtheil, kein ge-
sundes und wahres Urtheil, über was es auch sei.

Recht gut, wird Jeder gerne beipflichten; aber würden uns unsere Sprachen nicht ebenso, wie Plato's
Philosophie, auf dieselben Begriffe und Gedanken bringen können? Ich frage weiter: können unsere Sprachen, besonders unsere Muttersprache, merken wir nur
auf gewisse Wörter und Ausdrücke, können sie uns
nicht in den Staub setzen, um uns Plato's Ideenlehre deutlich zu machen und vollkommen zu erklären?
Wie einfach diese auch an und für sich sein möge,
für die Jugend, ja selbst auch für Philosophen,
immer sah ich es, ist sie schwer zu fassen. Und,
zum Beweise dessen, was hat man nicht zu allen
Zeiten über Plato's Ideen für sonderbare und dem
Geiste des Philosophen ganz widerstreitende Meinungen
zu Tage gefördert! Idealische Welten, mir unbekannt
welche, ja den Idealismus selbst hat man ihnen auf-
gebürdet. Doch, merken wir nur auf ein oder zwei
Wörter unserer Sprache, denkbeeld und voorbeeld:
es wird uns deutlich werden, wie wahr, ja auch, wie

einfach jene ganze Lehre sei. Es klingt einigermaſſen
fremd, wenigſtens läßt es uns etwas erhaben Philo-
ſophiſches vermuthen, wenn wir von denkbarer Welt
und vom Aufſchwingen des Geiſtes aus der
ſichtbaren Welt in die denkbare reden: unſer
denkbeeld aber zeigt uns, daß wir Alle, ſei es als
Philoſophen, tiefdenkende, transcendentale Philoſophen
oder nicht, dieſes ohne Unterſchied thun. Um zu faſſen,
was durch keinen äußern Sinn wahrgenommen werden
kann, und darüber nachzudenken, nehmen wir doch
Bilder von dem, was wir geſehen, gehört oder mit
andern Sinnen wahrgenommen haben. So z. B. Tugend und ſittliche Vollkommenheit: unſere Augen
ſehen dieſe nicht, ſie ſind nur denkbar, ſie gehören
zur denkbaren Welt, um aber über den tugendhaften, den ſittlich braven und rechtſchaffnen Menſchen
nachzudenken, und zu urtheilen, gebrauchen wir Bilder
eines Menſchen, den wir mit Augen ſehen. Recht-
ſchaffen nennen wir ihn z. B. (des Wortes bediente
ich mich eben ſchon), auch aufrichtig, ſelbſtſtändig, ſtandhaft: alles Ausdrücke, aus der ſichtbaren Welt, von einem Manne, der recht und feſt auf
ſeinen Füßen ſteht, entlehnt; und mit dieſen Bildern
von Rechtſchaffenheit, Aufrichtigkeit, Selbſtſtändigkeit,
Standhaftigkeit und dergleichen mehr, vergegenwärti-
gen wir uns größtentheils den ſittlich vollkommenen
Mann, ja Tugend und ſittliche Vollkommenheit. Dieſes
liegt ganz in unſerem Worte denkbeeld: es zeigt uns,
daß wir zum Denken Bilder nöthig haben, und uns
alſo von dem Sichtbaren zu dem Denkbaren, und ſo
zur denkbaren Welt erheben. Man hat aus dieſem

Worte unserer Sprache nur zu entwickelen, was darin
enthalten, und von selbst sieht man ein, wie einfach
der Sinn von Plato's Ideenlehre sei.

Aber was sind doch Ideen, sagt man? Sind sie
nicht hoch, unerreichbar hoch? Wohl sind sie das,
antworte ich; doch die Lehre der Ideen selbst, dabei
bleibe ich, ist einfach, wie es uns unsere Sprache
zeigen kann. Plato gebrauchte *ideal, εἴδη:* Wörter,
denen er selbst, wie es scheint, jene höhere Bedeutung
beilegte: diese jedoch bezeichnen nichts weiter, als
Formen; aber er verstand darunter, wie es Cicero
ausdrückt, formas rerum, Formen der Dinge, die
außer dem Bereiche der Sinne liegen, oder, wie es
die Deutschen ausdrücken, die Urbilder der Dinge.
Dies mag uns erhaben, transcendental-philosophisch
vorkommen; doch merken wir wiederum auf unser
denkbeelden. Eben dasselbe, was Plato mit dem
seinigen, mit Ideen, drücken wir mit diesem unseren
Worte aus, doch thun wir es vollständiger, deutlicher, und, wie es mir scheint, recht verständlich.
Oder wäre Jemand, der mich nicht verstände, wenn
ich von denkbeelden des Schönen und Guten rede?
Oefters schon bediente ich mich früher dieser Ausdrücke. Sagen wir nicht auch: dieser Mensch scheint
kein denkbeeld vom Rechten zu haben? Hört
man nicht täglich: man muß der Jugend schon
frühzeitig denkbeelden vom Guten und Wahren einflößen? Und seht! wir drücken damit vollkommen dasjenige aus, was Plato mit seinen Ideen
bezweckte. Er wollte doch, daß der Mensch, indem
er das Schöne, Gute, Rechte beständig im Auge hielte,

immer nach jenem Vollkommnen denke und handele:
und wollen wir etwas Anderes mit unserer Vorschrift
für die Erziehung der Jugend, ihr richtige denkbeelden vom Guten und Wahren beizubringen, an-
denten? So drücken wir vollständig Plato's Gedanken aus, und was ist einfacher, als diese Art sich
auszudrücken? Doch ich gehe noch weiter. Liegt es
uns nicht allein an der Erklärung der Platonischen
Philosophie, sondern auch an der Beantwortung der
Frage, wie zu Wahrheit zu gelangen? merken
wir dann insbesondere auf jenes sinnreiche Wort unserer Sprache und dessen Anwendung. Dichterisch hat
uns Plato seine Ideenlehre vorgestellt; er versetzt uns
gleichsam in eine andere Welt, wo die Ideen, besonders
das Schöne, in hohem Glanze leuchten. Vieles hat
man dawider; und mit Recht, da er so die Ideen ganz
außer dem Menschen annahm. Eigentlich scheint er
dieses nicht beabsichtigt zu haben, wie aus vielen Stellen seiner Schriften erhellt, in denen er von ἔννοιαι,
die der menschlichen Seele angehören, spricht (¹).
Will man aber wissen, wie es sich wirklich damit verhalte, und wie uns die Ideenlehre zu Wahrheit führen müsse, achten wir dann nur auf unsere Redensarten: denkbeelden vormen, zich denkbeelden van
iets vormen, oder, wie man sich ebenfalls in jener
Vorschrift ausdrückt: man muß die Jugend sich schon
frühzeitig denkbeelden vom Guten und Wahren vormen lassen. Hier haben wir vollkommen Plato's
Ideenlehre, und, möchte ich sagen, um Vieles besser:

(¹) Ex. c. Phæd. 73 B. C.

und so gelangt man auch zu Wahrheit. Indem wir
uns von Jugend auf klare denkbeelden vom Schö:
nen, Guten, Rechten, Heiligen, überhaupt vom Wah:
ren, vormen, erhalten wir dadurch für unser ganzes
Leben, gleichsam eine Richtschnur um richtig zu den:
ken und gut zu handeln, und, je nachdem diese Ideen
klarer, reiner, vollkommner unserer Seele gegenwär:
tig sind, desto besser urtheilen wir über Alles, was
sich darauf bezieht, und desto mehr gelangen wir also
hinsichtlich dessen zu Wahrheit.

Wir suchten eben nach einem criterium veri: und
hier, wie man sieht, finden wir anstatt dessen, ein
anderes und einzig sicheres Mittel, zu Wahrheit zu
gelangen. Doch führt uns nicht auch unsere Sprache,
so gut wie Plato's Philosophie, zur Entdeckung, wie
man sich selbst und sein ganzes Wirken vervollkomm:
nen müsse? Dazu, sagt er, haben wir παραδείγματα,
Ideale nöthig. Und liegt dies nicht in unserem
voorbeeld? Bekannt ist die Stelle Cicero's über die
Ideale des Phidias, worin er den Plato so meister:
haft ausdrückt: schon öfters führte ich sie in meinen
Schriften, wegen der hohen Wichtigkeit des Gegen:
standes, an. Nec vero ille artifex, cum faceret
Jovis formam aut Minervae, contemplabatur ali-
quem, e quo similitudinem duceret; sed ipsius in
mente insidebat species pulcritudinis eximia quae-
dam, quam intuens in eaque defixus, ad illius
similitudinem artem et manum dirigebat (¹). Sollte
unser voorbeeld mit unserem denkbeeld vereinigt,

_____

(¹) Cic. Orat. c. 2. S. Initia Vol. II. P. 3. p. 107.

nicht zu einer psychologischen Erklärung dieser Stelle
hinreichen? Und noch überdies, sollten diese beiden
Wörter nicht genügen, um uns recht begreiflich zu
machen, wie wir uns, durch Anschauung des Wahren, zu sittlicher Vollkommenheit üben können? Phidias, würden wir zur Erläuterung sagen können,
vormde zich ein reines denkbeeld vom wahrhaft
Schönen, stellte sich so die Gestalten Jupiter's und
Minerva's vor, und nach diesen vollkommnen Gestalten,
als eben so vielen voorbeelden, verfertigte er seine
Bildsäulen: und wir, wenn wir nach sittlicher Vollkommenheit streben, was thun wir anders, als uns
von der Tugend ein wahres denkbeeld, und, so viel
möglich, ein Bild, ein vollkommnes Bild, das uns
zum voorbeeld (¹) dienen muß, vormen? Ich gestehe
es: in so hoher Bedeutung, als Idee, Ideal,
Type, Prototype, gebrauchen wir gewöhnlich unser
denkbeeld, besonders unser voorbeeld nicht; aber
hängt es nicht von uns ab, uns des Wortes in seiner Grundbedeutung für all dieses zu bedienen? Ja,
bedienen wir uns dessen nicht wirklich so, ohne vielleicht je darüber nachgedacht zu haben, wenn wir von
unserem Ideale fürs Leben und Wirken, von unserer
Type und Prototype sagen: Jesus, unser voorbeeld?

Was nun sollen wir dazu sagen? Ist die Naturdialektik, welche wir vermittelst der Sprachen gefunden zu haben glaubten, nur dienlich um Menschen
fürs tägliche Leben, Menschen von gutem Urtheil
und gesundem Verstande zu bilden? Oder könnte

(¹) Musterbild, Vorbild.

sie auch für Philosophen, die dem Uebersinnlichen,
dem Abstracten nachforschen und darin zu Wahrheit
zu gelangen suchen, dienlich und zugleich hinreichend
sein? Und weßhalb nicht? würde ich sagen. Mit
Trennen und Verknüpfen fängt doch die Naturdialektik an, und so kommen wir nach ihrer Methode, zu
Begriffen: so bilden wir gleichfalls Ideen, die man
auch allgemeine Begriffe nennen könnte: so schaffen
wir uns Ideale, welche wieder vermittelst der Ideen
gebildet werden. Aber außerdem, kommt es hier
hauptsächlich auf Urtheilen an, und ist dieses, auch
Anweisung der Sprachen, nichts Anderes als Scheiden,
Unterscheiden, und so besonders das Wahre vom Falschen unterscheiden, warum sollte dann nicht der Philosoph in seinen erhabenen Betrachtungen auf dieselbe
Art und Weise, wie der gewöhnliche Mensch, zu Wahrheit gelangen? Auch ist hierin zwischen Beiden der
Unterschied nicht so groß, wie es scheint. Der Philosoph, ich gestehe es, hoch steht er über dem gewöhnlichen Menschen, so viel Urtheilskraft und Scharfsinn
dieser auch zeigen mag; doch so gut wie dieser und
auf gleiche Weise muß er sich zuerst in der Sinnenwelt Urtheil und Begriff verschaffen: und gewöhnliche
Menschen anderseits, mögen sie auch durchaus nicht
philosophisch sein, wie würden sie sich, um Menschen
und Sachen zu beurtheilen, von Gutem und Bösem,
Recht und Unrecht Vorstellungen machen, wie auch
sich, um gut zu leben und zu handeln, Muster der
Tugend und Weisheit vorhalten, wofern sie sich nicht
ebenfalls zur übersinnlichen Welt erhöben? Eben diese
Ausdrücke, denkbeelden zich vormen, voorbeelden

zich voorstellen und voorbeelden volgen (¹) gebrauchen wir von Beiden in einem und demselben Sinne.
Also kein Unterschied, den allein ausgenommen, daß der
Philosoph beharrlicher und vorzugsweise auf das Ueber-
sinnliche seine Aufmerksamkeit richtet, während die
übrigen Menschen sich mehr auf den Kreis der sinnlichen Welt beschränken. Uebrigens machen hierin
Beide, wie gesagt, durch Scheiden und Verbinden, dadurch, daß sie zu Begriffen gelangen, besonders sich
allgemeine Begriffe oder vielmehr Ideen, helle Ideen
bilden, auf gleiche Weise, Fortschritte. Und so giebt
es denn für Beide, um zu Wahrheit zu gelangen, eine
und dieselbe, durchaus, wie es uns aus den Sprachen erhellte, in den menschlichen Seelesfähigkeiten
begründete Naturdialektik.

Indem wir so, meine Leser, unserem Pfade folgten,
sind wir schon ziemlich weit in der Philosophie vorgeschritten. Und bemerktet Ihr wohl nebenher, wie
leicht man in derselben auf diese Weise Unterricht
ertheilen könnte? Die Naturdialektik liegt in jedes
Schülers Geiste. Die Wörter und Ausdrücke, in
denen sie enthalten ist, werden von ihnen fortwährend
im täglichen Leben angewandt. Was haben wir also
weiter beim Unterrichten zu thun, als dieser Wörter
und Ausdrücke zu erwähnen, sie darauf aufmerksam
zu machen, und sie aus denselben entwickeln zu lassen,

(¹) Sich Ideen bilden, sich Ideale vorstellen, Idealen
nachstreben.

was darin verborgen liegt? So gelangen sie von selbst
zur Philosophie: wenigstens muß, ist nur einigermaßen
philosophischer Sinn in ihnen, solcher auf diese Weise
aufgeregt und geschärft werden. Hierzu kommt noch:
aus den Sprachen wurde uns deutlich, was Unterweisung und Erziehung sei. Weisen ist es, unterscheidend weisen: vom Geringeren zum Größeren, vom
Bekannten zum Unbekannten führen, wie es Sokrates
zu thun pflegte. Und sollte nun ein solches Unterweisen in der Philosophie nicht völlig damit überein
stimmen? Denn was wäre es wohl anders', als auf
Wörter und Ausdrücke hinweisen, und zwar so, daß
man regelmäßig von Einem zum Andern aufsteigend,
dermaßen die Jugend zu den höchsten Begriffen, ja zu
Plato's Ideenlehre selbst anleitete? Und was noch
hieher gehört, ist diese Unterrichtsmethode, achtet man
nur auf Wörter und Ausdrücke, nicht ganz dieselbe,
welche in der Mathematik herrscht? Auf zweierlei
Weise unterrichtet man in derselben: entweder analy-
tisch, um zu finden, oder synthetisch, um sich durch
Beweisen, von der Wahrheit des Gefundenen zu über-
zengen. Das Beweisen aber der synthetischen Methode
sowohl, als das der analytischen ist in der That ein
Weisen. Die Wörter selbst, deren sich die Mathematiker bedienen, zeigen es uns. Euklides nennt es
δεικνύναι: ὅπερ ἔδει δεῖξαι: die Lateiner demonstrare:
quod erat demonstrandum: und unsere Mathematiker, erwähnte ich nicht schon des Wortes? — beweisen, was zu beweisen war. So lehrt wirklich
Sokrates im Meno, jenem Sklaven, dem ganz un-
wissenden Menschen, die Anfangsgründe der Mathe-

matik. Er weiset ihn auf Linien und Figuren hin,
die er in den Sand zeichnet, und macht ihn durch
Fragen, auf deren Eigenschaften, wie diese im menschlichen Verstande liegen, aufmerksam. Dieses wird
wohl die richtige, die einzig geschickte Methode des
Unterweisens sein: immer ist auch Mathematik, als
$\varkappa\alpha\tau'$ $\overset{,}{\varepsilon}\xi o\chi\eta\nu$ $\mu\acute{\alpha}\vartheta\eta\sigma\iota\varsigma$, als das eigentliche Lernen, für
die Grundlage aller Unterweisung und jedes Unter-
richtes gehalten: und will man ähnlicher Weise beim
Unterrichte in der Dialektik, wie der Logik, ja, daß ichs
sage, in der ganzen Philosophie verfahren, so daß man
besonders auf die Grundbegriffe unseres Geistes, wie
sich diese in den Sprachen äußern, hinweiset und
aufmerksam macht, wird man dann nicht auf echt
mathematische, das heißt auf die wahre Art in
der Philosophie unterweisen? Mehres noch könnte ich
hinzu fügen: fragen könnte ich, ob nicht die Philosophie, welche wir so, nach den Sprachen, ausüben, und so auch Anderen sehr leicht mittheilen könnten, ob diese nicht die einzige sei, welche Philosophie oder vielmehr die Philosophie heißen könne?
Sie nennt sich nicht nach dem Namen dieses oder jenes
Philosophen, dieser oder jener philosophischen Schule;
sondern von Zeiten und Menschen unabhängig, benr-
theilt sie die Meinungen und Grundsätze der Philosophen und Schulen, billigt oder mißbilligt dieselben,
oder, wie wir so eben sahen, erklärt auch wohl und
verbessert sie. Steht sie also nicht, um dermaßen
über Alles ein richtiges Urtheil fällen zu können, um
eine Stufe höher, als Alles, was man gewöhnlich
Philosophie nennt, höher sogar, als jene des erha-

benſten aller Philoſophen, des Plato ſelbſt, und dürfte
ſie darum nicht füglich κατ' έξοχήν und einzig die
Philoſophie heißen, und zwar eben ſo, wie die
Mathematik bei den Alten κατ' έξοχήν und einzig
μάϑησις, das Lernen, der Unterricht genannt
wurde? Doch dieſes Alles nur im Vorbeigehen. Welcher Meinung wir darüber ſein müſſen, werden wir
erſt dann beurtheilen können, wenn wir ans Ziel unſerer Reiſe gelangt, und das Reich der Wahrheit und
Tugend erreicht haben werden. Hier nähern wir uns
einer der gefährlichſten Stellen auf dem Wege der Wahrheit. Wie leicht doch können wir nicht, während wir
ſo von Ideen und Idealen handeln, in Idealismus
verfallen! Und Idealismus, wer weiß es nicht? iſt
eine uferloſe See, ein ungeſtümes Meer, voller Sand-
bänke und Klippen, worauf ſo mancher Philoſoph
umherirrte, und auch wohl unvermuthet ſeine Sittlichkeit wie ſeinen Verſtand ſcheitern ſah.

Um uns davor zu hüten, werden wir vorzüglich
wieder auf unſer oordeelen, beſonders aber auf unſer
oordeelkunde Acht haben müſſen. Unterſcheiden wir
jedoch zuerſt genau, um deſto beſſer die Gefahren des
Idealismus keunen zu lernen, beide Arten deſſelben,
welche in der Geſchichte der Philoſophie vorkommen.
Bei den Alten war er poetiſch: er verſetzte den Philoſophen in gewiſſe idealiſche Welt, voll ſchöner Bilder
und Formen, doch ohne Weſen: wozu Plato, der,
wie ſehr auch zum Philoſophen geboren, doch zugleich
viel Anlage zur Poeſie hatte, wohl einigen Anlaß

gegeben haben mag. Diesen poetischen Idealismus
nebst seinen eitlen Träumereien, findet man auch am
häufigsten bei den sogenannten Neoplatonikern. Später
ist er mehr philosophisch geworden: bei uns steht er
dem Empirismus gegenüber, und, als ganz dem innern
Sinne angehörig, läßt er uns die sinnliche oder materielle Welt in wenig bestimmter, ja, ganz unsicherer
Gestalt erscheinen, so daß mancher Idealist unserer
Zeit, Alles, dasjenige ausgenommen, was ihn sein
innerer Sinn erkennen ließ, für Erscheinungen, oder
auch für bloßen Schein gehalten hat. Daher kommt
es, daß derselbe zu allerlei Art von Skepticismus und
Mysticismus, ja zum Pantheismus geführt hat. Wir
sehen also, welche und wie große Gefahren es sind,
denen wir uns hier vielleicht aussetzen könnten. Doch
wir kamen so eben, mit Hülfe der Sprachen sowohl,
als der Platonischen Philosophie, bei jenem Abgrunde
auf dem Wege der Wahrheit, dem Empirismus, welcher zu Materialismus und Atheismus verleitet, so
glücklich vorbei, suchen wir uns jetzt vor jenem anderen Extreme, das nicht weniger gefährlich ist, auf
ähnliche Weise zu hüten.

Es fragt sich hier alsbald, wie der Philosoph zu
jener sogenannten idealischen Welt gelange, und,
ob man solches der Poesie zuzuschreiben habe. Um
dieses zu ergründen, müssen wir von einem richtigen
Unterschiede zwischen Dichtern und Philosophen ausgehen. Beide können zu Wahrheit gelangen und uns
auch dazu führen; aber Beide thun solches auf ganz
verschiedene Art. Ersehen wir aus den Sprachen,
was der Dichter sei. Er dichtet: dies ist nicht,

wie wir schon oben bemerkten, erdichten. Es ist er
finden, schaffen: l'esprit créateur schreiben ihm die
Franzosen zu. Und wirklich ποιηται heißen die Dichter bei den alten Griechen, und bei spätern Völkern
poetae, poètes, von ποιεω, dichten, schaffen. In allen
diesen Ausdrücken finde ich nichts, was der Wahrheit widerstreitet: im Gegentheil, ist dichten etwas
Anderes als erdichten, so wird es auch wohl einige
Wahrheit enthalten. Noch mehr. Nichts ist dem
Dichter eigenthümlicher, als verbeelden ([1]). Einbildung, Imagination, schreiben wir ihm eben sowohl,
als dichten, zu: und sind nicht die Gesänge und
Dichtungen der Dichter voller Bilder? Doch was ist
Einbildung? Eigentlich nichts Anderes, als dasjenige,
was man erdacht, und was man gefunden hat, in
ein Bild einkleiden, durch ein Bild ausdrücken. So
thaten auch diejenigen der frühsten Dichter, die zugleich Philosophen waren. Denken wir nur an die
Pferde des Parmenides, wovon Plato jene schöne
Vorstellung der Leidenschaften und der Vernunft in
seinem Phaedrus entlehnt hat. Bei diesem Erfinden,
diesem Schaffen von Bildern kann also der Dichter
nach Wahrheit streben, ja, so Wahrheit finden und
Wahrheit ausdrücken: es dient doch nur dazu, um
dasjenige, was er erdacht hat, sich selbst und Anderen anschaulich vorzustellen, oder, wie wir es richtig
ausdrücken, zu versinnlichen. Und um so weniger
zögern wir dies anzunehmen, da die Philosophie der
Griechen größtentheils aus ihrer Poesie entstanden ist.

([1]) Sich bildlich vorstellen.

So dichtet der Dichter: und so kann er dem Philosophen, zum Auffinden der Wahrheit, behülflich sein;
doch die Art, wie der Philosoph darnach strebt, ist
hiervon ganz verschieden. Dieser dichtet nicht, sondern
sucht. Wir sprechen nicht von philosophischen
Bildern, eben so wenig erwähnen wir dichterischer
Untersuchungen: aber wohl reden wir von dichterischen Bildern und von philosophischen Untersuchungen. Dieses Suchen, Untersuchen, Nachforschen, Aufspüren, Wahrnehmen, ist eben so
sehr dem Philosophen, wie das Dichten dem Dichter
eigen. So erwähnt auch der Philosoph fortwährend
der Methoden. Dieses Wort bezeichnet eigentlich,
seinem griechischen Ursprunge gemäß, Wege und diese
Wege, diese μέϑοδοι dienen dem Philosophen, um,
durch regelmäßiges Weiterschreiten in seinen Untersuchungen, zu Wahrheit und Weisheit zu gelangen.
Achtet man hierauf, so sieht man, daß es nicht die
Dichtkunst selbst ist, welche den Philosophen in gewisser
idealischen Welt Schattenbildern nachzujagen antreibt,
sondern es vielmehr die Dichter zu allen Zeiten gewesen sind, welche durch eine verkehrte Anwendung derselben, so manchen Philosophen Schein für Wesen
annehmen ließen. Und fragt man ferner, wie Dichter
und auch Philosophen sich davor hüten können: die
Antwort fällt nicht schwer. Urtheil muß sowohl der
Dichter, als der Philosoph besitzen; denn wie soll man
Begriffe, richtige Begriffe von Allem erlangen, um
jene Bilder und Vorstellungen auszudrücken, ohne vorher richtig zu scheiden, richtig zu unterscheiden, richtig
zu urtheilen? Ohne dieses macht man sich doch un-

möglich wahre Bilder, wahre Vorstellungen. Keine andere Antwort paßt also auf diese Frage, so einfach, ja so alltäglich sie auch scheinen möge, als diese, daß sie sich hierzu nur ihres Urtheils zu bedienen haben. Hätten sich Beide an die Naturdialektik gehalten, so würden sie mit jenem Urtheilen, und die Philosophen insbesondere mit Beurtheilen begonnen haben: und auf diese Weise hätten Letztere, wie es der wahre Philosoph macht, in all jenen dichterischen Vorstellungen das Wahre vom Falschen unterschieden.

So sehen wir, wie es von uns selbst abhängt, uns vor dem poetischen Idealismus zu hüten. Eben so wird es sich wohl mit all unseren Irrthümern und so auch mit denen des eigentlich philosophischen Idealismus verhalten. Vieles hat dieser mit dem poetischen gemein; er ist zugleich außerordentlich erhaben, wie dieses aus den Schriften der meisten Idealisten erhellt. Und kein Wunder; denn, da sie den innern Sinn ganz für sich selbst wirken lassen und demnach so ganz und gar Geist zu werden streben, muß solches nicht zu den erhabensten und wirklich ganz poetischen Vorstellungen Anleitung geben? Dem ist es denn auch zuzuschreiben, daß, indem sie aus dieser erhabenen Welt auf die unsrige, diese materielle, niederblicken, sie hier nur Erscheinungen, phaenomena, wahrnehmen, während sie dort nur Monaden, Essentien, noumena und was sonst noch, zu schauen wähnen. Wie aber sollen wir uns jetzt auch hiervor hüten?

Fürs erste möchte ich Euch, meine Leser! vorschlagen, noch einmal auf die Wörter zintuig, so wie denk-beeld Eure Aufmerksamkeit zu richten. Jenes hat uns.

4*

vor dem groben Materialismus bewahrt, indem es uns
auf unseren innern Sinn aufmerksam machte, und
brachte es uns damals zur Einsicht, daß uns ohne
diesen innern Sinn all unsere äußeren Sinne nichts
nützen würden, so kann es uns hier hingegen zur
Wahrnehmung führen, wie dieselben äußern Sinne wiederum unserem innern Sinn dienstbar sind. Sind sie
doch dessen tuigen, Werkzeuge, vermöge welcher man
sieht, hört, schmeckt, mit einem Worte Kenntniß von
der Sinnen- oder Außenwelt erlangt. Ohne diese Werkzeuge, diese Organe, wirkt unsere Seele nicht. Denn
zum Denken, was ihr ausschließlich eigen ist, haben
wir, wie es unsere Sprache andeutet, denkbeelden,
der Sinnenwelt entlehnte Bilder, nöthig. Wir sehen
demnach, wie eng, wie unentbehrlich das Band der
Sinnwerkzeuge mit unserem Sinne selbst ist, und
wie verkehrt sich die Idealisten unsern innern Sinn,
als in seinem Wirken ganz auf sich selbst beschränkt,
vorstellen. Doch jetzt zu einer anderen Frage: erstat-
ten uns jene Werkzeuge, Boten, wie sie Plato nennt,
wahren Bericht von Allem, was uns umgiebt? oder,
besteht die ganze Sinnenwelt, nach jener Philosophen
Meinung, bloß aus Erscheinungen? Letzteres wird durch
die Mathematik widerlegt, welche eine Wissenschaft
der Wahrheit und Gewißheit ist, sowohl praktisch, als
theoretisch, sowohl in Anwendung auf die Sinnenwelt,
als auch rein und davon getrennt (¹). Den Berechnun-
gen der Mathematiker entspricht der Lauf der Planeten

(¹) Man sehe hierüber besonders Hemst. Sophyle Oeuvr.
Vol. I. p. 274.

und Kometen, und ihren reinen Figuren Alles, was in
der Mechanik dargestellt wird. Freilich nicht in allen
anderen Wissenschaften entspricht so das Praktische
dem Theoretischen. Dies rührt, wie wir schon be=
merkten, daher, weil unsere Vorstellungen vom Schö=
nen, Guten, Gerechten, Göttlichen nicht so richtig und
deutlich sind, als jene von Zahl und Figur. Deßhalb
kann das Theoretische in den Künsten, in der Moral,
in den Rechtswissenschaften, in der Theologie nicht so
sicher und mit so gutem Erfolge auf das praktische
Leben angewandt werden. Wo wir aber hier nicht
ausreichen, ersetzt uns da nicht unsere Urtheilskraft;
durch Scheiden und Verbinden, verrichten wir dies nur
gehörig, diesen Mangel? Wie es mir scheint, lieber
Leser! müßten wir jene Idealisten, die nur Erschei=
nungen in der Sinnenwelt wahrnehmen, allein auf jene
Gabe, welche ihnen als Menschen, eben so wie uns
zukömmt, aufmerksam machen, und ihnen nur zurufen:
Philosophen! gebraucht doch nur euer Urtheil!

Es hängt ganz und gar von uns selbst ab, ich sehe
es immer mehr ein, uns vor Irrthümern zu hüten
und zu Wahrheit zu gelangen. Unsere gewöhnlichen
Ausdrücke bestärken mich darin: und wirklich, menschen van oordeel im eigentlichen, wie auch im ge=
wöhnlich gebrauchten Sinne des Wortes, fallen nicht
leicht dem Idealismus anheim. Philosophen hingegen,
die ganz in jener idealischen und phantastischen Welt
denken und lehren, wie sind diese wieder in die wirk=
liche Welt, in das Reich der Wahrheit zurück zu führen?
Auch hierzu, meine ich, geben uns die Sprachen ein

Mittel an die Hand, wenn wir nur das Griechische
κριτικη und unser oordeelkunde (¹) betrachten.

Schon berührte ich es, der philosophische Idealismus ist dem poetischen nahe verwandt; beide versetzen
uns in eine übersinnliche Welt, doch sie thun dieses,
nicht, wie Plato, um die sinnliche Welt genau kennen zu lernen (²), sondern im Gegentheil vielmehr so,
daß man alles sinnlich Wahrnehmbare dadurch ver-
kennt. Denn wie ging es mit jenen poetischen Träumereien der Alexandrinischen Schule? Man verlor sich
selbst so ganz und gar in denselben, daß man das sogar
nicht mehr zu fassen im Staube war, was man mit
eigenen Augen sah und las. Man lese den Philo
Judaeus. In den Urkunden seiner Nation, so einfach
und klar sie auch sind, vermuthete er überall, ich weiß
nicht welchen verborgenen Sinn. Die vier Ströme des
Gartens Eden waren ihm keine Ströme mehr, soudern
Tugenden, die vier Haupttugenden in der Platonischen Moral. Sara war in seinen Augen nicht
mehr Sara, sondern die Philosophie, und Hagar,
anstatt Sara's Sclavinn, mußte mit einem Worte Alles
bedeuten, was sich auf Literatur und Wissenschaft
bezog, gleichsam der Philosophie Dienerinn (³). Und
wer weiß nicht, wie großen Einfluß eben dieser Philo
auf die griechischen patres und deren Bibelerklärung
gehabt hat? Origenes, so sehr er auch Grammatiker und
Kritiker war, vermuthete noch eben so in Allem einen

(¹) Beurtheilungskunst.
(²) S. *Initia*, Vol. II. P. 3. p. 28. Cf. p. 162.
(³) Phil. Jud. de congressu ad propaedeumata, p. 426. B.

verborgenen Sinn, so daß er die Buchstaben und Wör=
ter nur für äußern Schein, für Erscheinungen hielt.

Dies waren die Folgen des poetischen Idealismus.
Und was nun den philosophischen betrifft, lernen wir
hieraus nicht seine Beschaffenheit und Verkehrtheit voll=
kommen kennen? Eben so, wie damals die Neoplatoni=
ker, hat man sich in neuerer Zeit die ganze Sinnen=
welt vorgestellt. Was man mit den Augen sah, oder
mit den übrigen Sinnen wahrnahm, war Schein: es
waren bloße Erscheinungen. Dennoch lag etwas We=
sentliches im Hintergrunde, und dieses nannte man,
wie ich schon erwähnte, bald substantia, bald essen-
tia, auch wohl wie Leibnitz, Monaden, und endlich,
wie in der Kantischen Schule, noumena, denen man
phaenomena entgegensetzte. All dieses sollte zu dem
innern Sinne, mit Ausschluß der äußern, gehören, und
nach Leibnitz, war es dasjenige, was die Gottheit in
der materiellen Welt, worin wir nur Erscheinungen
wahrnähmen, schauete. Es ist leicht begreiflich, wie auf
diese Weise der poetische Idealismus mehr dazu bei=
trug, die Heilige Schrift zu verfinstern als dieselbe
aufzuklären; aber wer sieht nicht zugleich ein, was sich
vom anderen, dem philosophischen Idealismus, für die
Kenntniß des Weltalls erwarten ließe? Kein Wunder;
denn der Eine sowohl, als der Andere, hat die Philoso=
phen, nicht in die denkbare, sondern in gewisse idea=
lische Welt versetzt, die dem Sinne des Wortes gemäß,
gänzlich jedem gesunden Urtheil widerstreitet. Und
so kommen wir von selbst auf das Heilmittel für alle
Philosophen, welchem Idealismus sie auch anhängen.
Es ist die *χριτιχή*, die oordeelkunde.

In eben jener Alexandrinischen Schule, aus der so viel Unsinn hervorgegangen ist, hat man schon frühzeitig diese Kunst zu urtheilen — solches doch bezeichnet das griechische κριτική — ausgeübt, und sie auf richtiges Beurtheilen und Auslegen aller literarischen Erzeugnisse, sowohl der Dichter, als Philosophen, Redner, und Geschichtschreiber angewandt. So entstand Licht, wo früher Finsterniß und Halbdunkel geherrscht: und kaum hatte Origenes jene Kunst auf die Erklärung der Bibel angewandt, als auch allmählig die Nebel, welche sich über die Lehre des Christenthums ausgebreitet hatten, verschwanden. Und wie war es auch anders möglich? Denn jene Kunst zu urtheilen, die Kritik, war eigentlich die Kunst, das Wahre vom Falschen zu unterscheiden: und immer mehr wurde sie zu einer Wissenschaft, Wissenschaft des Urtheils, oordeelkunde, so daß man, durch geregeltes Scheiden und Unterscheiden zuerst jene Traumgestalten entfernte und verscheuchte, und dann, was man sah und las, durch gehörige Entwickelung, Auseinandersetzung, Auslegung, mit einem Worte durch uitleg-kunde (1) erklärte. Daher hat man sich denn auch, nach der Wiederherstellung der Wissenschaften, mit so heilsamen Erfolge zur allgemeinen Aufklärung, ja zur Wiederbelebung des Christenthums, jener Wissenschaft bedient. Und jetzt frage ich: sollte sie nicht eben so zur Wiederherstellung der Philosophie, indem man sie von allem Idealismus befreiete, führen können?

Kant strebte darnach, und noch erinnern wir uns,

---

(1) Exegese.

mit welchem Beifalle er damals, als er als Schö-
pfer der kritischen Philosophie auftrat, allgemein empfangen wurde. Durch sein Scheiden und
Sichten räumte er auch wirklich Vieles weg, worauf
man früher verkehrt fortgebauet hatte, ja, durch eine
kritische Untersuchung der menschlichen Vernunft, trug
er Vieles dazu bei, um die Philosophen seines Jahrhunderts sowohl vom früheren Idealismus, als vom
herrschenden Empirismus abzuleiten, und zur Erkenntniß der sittlichen Natur des Menschen zu führen.
Schade nur, daß er sie durch seinen Transcendentalis-
mus zugleich zu einem neuen Idealismus brachte, und
zwar zu einem solchen, wodurch sie noch größeren Gefahren, als man vorher je gekaunt hatte, ausgesetzt
wurden. Denn dieser letztere Idealismus hat leider,
wie auch der gegenwärtige Zustand der Philosophie es
beweist, mehr umgestürzt, als aufgebaut, ja, die Grundlagen, worauf man sich früher stützte, ohne andere an
deren Stelle zu setzen, zum Wanken gebracht. Doch
desto mehr, dünkt mich, müßten wir durch sein Beispiel abgeschreckt, uns vor dem Transcendentalen hüten,
und, ohne a priori fest setzen und beweisen zu wollen,
woraus nothwendiger Weise Idealismus entspringen
muß, a posteriori untersuchen. Dies verlangt die
philosophische Kritik: nicht, damit wir, wie der Empiriker, an dem Aeußern hängen bleiben, sondern vermittelst jenes Scheidens nnd Sichtens, welches die Grundlage des echt philosophischen Nachforschens, Aufspü-
rens, Wahrnehmens ist, so tief als möglich des Menschen Seele, die Natur der Gottheit, das Weltall ergründen lernen. Und wer sieht nicht ein, wie man, mit

einer solchen Anwendung der Kritik auf die Philosophie,
zur echt kritischen Philosophie gelangen könne? Doch
was suchen wir noch länger nach demjenigen, was
wir schon gefunden zu haben glauben. So eben, wie
wir uns noch erinnern, meinten wir der Naturdialektik
gemäß, die wir in den Sprachen gefunden hatten, eine
Philosophie zu entdecken, die wohl κατ’ ἐξοχήν und
einzig die Philosophie heißen könnte. Sollte diese
nicht die einzig wahre kritische Philosophie sein? ja,
sollte sie auch nicht dazu beitragen können, so Viele,
die noch heutiges Tages, hinsichtlich der wichtigsten
Angelegenheiten der Menschheit, durch den Transcen-
dentalismus und Idealismus Kants und seiner Schule,
in Ungewißheit gesetzt sind, aus jener idealischen, phantastischen Welt, jener Welt der noumena und phaenomena, in die wirkliche, ins Reich der Wahrheit zu-
rückzuführen? Wäre dem so, wie würde sie uns nicht
besonders jetzt, beim gegenwärtigen Zustande der Philosophie zu Statten kommen!

Denn wirklich sonderbar ist es mit jener sogenannten
kritischen Philosophie des vorigen Jahrhunderts
abgelaufen. Sie ist in dem unserigen, wie wir wissen,
zur Naturphilosophie geworden, das Gegentheil
von demjenigen, was echte Kritik bewirkt haben müßte.
Diese doch, und Kant wollte es, sollte mit dem alten
Erkenne dich selbst und der kritischen Untersuchung
der menschlichen Vernunft anfangen. Und wie macht
man es jetzt? Nicht nur verabsäumt man dieses beinah
gänzlich und hat man selbst den Namen kritische
Philosophie in speculative, hochspeculative
umgeändert, wodurch Alles wiederum einen gewißen

poetischen Anstrich erhalten hat; sondern so ganz und
gar wendet man sich, ohne Rücksicht auf den Menschen,
zur Natur, oder vielmehr zur physischen Welt, daß
die Philosophen allem Anscheine nach Physiker, eine
gewiße Sorte von Physikern, ohne noch Naturforscher
zu sein, geworden sind. Vorzugsweise entlehnt man
aus der Natur, aus der physischen Welt, bei Betrach=
tung der menschlichen Seelenfähigkeiten, Bilder und
Vorstellungen. Man nimmt fast kein philosophisches,
sogar kein wissenschaftliches Buch mehr zur Hand,
worin man nicht ums dritte Wort von Kräften,
Naturkräften, Reizen, Polarität, elektri=
schen Bewegungen, penchâns instinctifs und was
nicht mehr? lieset. So, ja so ungewiß ist man,
meine Leser! wo man einst anlanden werde, wenn
man sich einmal auf jene ungestüme See des Idea=
lismus gewagt hat. Und wirklich, schreiten wir so
im Ungewissen weiter, vermengen wir so das Sinn=
liche mit dem Uebersinnlichen, ja, wird so die physische
Welt zum Maßstabe und zur Richtschnur, die denkbare
kennen zu lernen, wo soll es dann noch mit uns und
unserer ganzen Philosophie hinaus? Muß sie dann nicht
nothwendiger Weise wieder auf Materialismus und
folglich auch auf Atheismus zurückkommen, und sinken
wir so nicht endlich in jenen Strudel, jenen Abgrund
hinab, vor dem Kant so sehr gewarnt hat! Wie sehr
müssen wir uns also jetzt nicht beeilen, von unsern
Irrthümern zurückzukehren! Und was könnte uns mehr
dazu behülflich sein, als echt kritische Philosophie,
jene nämlich, welche ganz auf echt philosophische und
kritische Untersuchung des Menschen begründet, mit

Recht Philosophie, ja, die Philosophie heißen
kann?

Doch kommen wir wieder auf unser Problem, wie
der Mensch zu Wahrheit gelangen müße, zurück. Wie
es uns die Sprachen lehren, muß es uns hier vorzüglich am Urtheilen gelegen sein. Hierbei aber
müssen wir, um dieses richtig zu thun, mit etwas
Anderem und Höherem beginnen, und zwar mit demjenigen, was das Nothwendigste und zugleich das
Mühsamste bei allen menschlichen Verrichtungen ist,
nämlich mit Ablegen der Vorurtheile. Denn
wißt Ihr, meine Leser! wißt Ihr, was Vorurtheile
sind? Unsere Redensarten mögen es zeigen. Sie
nehmen unseren Geist, sagen wir, ganz für eine
Meinung ein, so daß wir nicht mehr mit unbe-
fangenem Urtheile die Gegenstände beurtheilen:
Sie benebeln demnach unseren Geist, so daß wir
Wahrheit nicht mehr von Schein unterscheiden: ja,
mit einem Worte, wie wir ebenfalls sagen, sie ver-
blenden uns. Mit Recht drum bewährten die Alten,
daß wir, zum Urtheilen, zum richtigen Urtheilen und
zum Schauen des Wahren, nur unsere Vorurtheile
abzulegen hätten. Sehr natürlich: denn von jenen
Nebeln befreit, sehen wir gleich Alles, wofern unser
Seelenauge, unser Urtheil nur gut ist, hell und klar.
Ich wiederhole es nochmals: es hängt nur von uns
selbst ab, um zu Wahrheit zu gelangen. Je deutlicher erstlich unser Urtheil ist, und je mehr wir uns
ferner aller Vorurtheile werden entledigt haben,
desto weniger brauchen wir jenes desideratum der Philosophen, das criterium veri zu suchen. Diese Gabe,

diese für den Menschen himmlische, göttliche Gabe, das
Urtheil, und was für uns daraus folgt, oordeelkunde, soll unser Probierstein der Wahrheit sein.

———

Hier, düukt mich, zeigt sich mir von weitem das
Reich der Wahrheit, und um so mehr hege ich das
Vertrauen, daß wir es einmal wohl noch erreichen
werden, da wir so beharrlich auf der entdeckten Spur,
welche alle Zeichen der Wahrheit und Gewißheit enthält, weiterschreitend, uns sowohl einerseits vor dem
Empirismus und dessen gefährlichen Folgen, als hier
anderseits vor dem zügellosen Idealismus, jenem
gestablosen Meere, jenem wüsten, ungestümen Ocean
gesichert haben. Nun noch einen Schritt auf unserem
Pfade vorwärts, den allerwichtigsten jedoch, was ist
Wahrheit?

Plato hat uns dieses gelehrt (¹): er stellte dem
Scheine Wahrheit gegenüber und so ist sie, was
nicht scheint, sondern was ist. Wir hätten solches
auch wohl von selbst, ohne Plato, aus unserem gewöhnlichen Sprachgebrauche ersehen können. Denn merken wir nur auf. Es ist wirklich so (²), sagen wir,
wenn wir etwas bekräftigen wollen, etwas für wahr
halten zu müßen glauben: und deßgleichen die Griechen. Wenn sie andeuten wollten, daß sich etwas
wirklich so verhalte, wie sie behaupten, so sagten sie,
daß es τῷ ὄντι so sei. Das Sein, das Wesen,

———

(¹) Init. Vol. II. P. 3. p. 220.
(²) Het is wezenlijk zoo.

die Wesenheit schreiben wir dem Wahren zu, um
es von demjenigen, was scheint und kein Wesen hat,
zu unterscheiden. Wesen und Schein, obgleich nicht
gradezu entgegengesetzt, stellen wir durchgehends in
unseren Ausdrücken einander gegenüber. Und bezeichnen wir hiermit in unserem gewöhnlichen Sprachgebrauche nicht eben dasselbe, was Plato in seiner Philosophie anwies, wenn er das Wahre nannte, was ist
und nicht scheint, τὸ ὄν, τὸ ὄντως ὄν, und von den
Ideen sagte, daß sie τὰ ὄντα seien?

Dies wäre also, nach Plato und dem Ausspruche
der Sprachen, Wahrheit, und so sehen wir, daß,
um uns Zugang zum Reiche der Wahrheit zu verschaffen, wir nur Schein von Wesen zu trennen haben. In
der Sinnenwelt fällt dies grade nicht so schwer. Wir
bedürfen dazu nur guter Sinne, besonders eines guten
Gesichts. So sehen wir Alles unterscheidend, wie es
in Wahrheit ist: und geschieht es deßungeachtet,
daß wir Schein für Wesen, und Wahrheit halten, so
ist etwas Zufälliges, ein Nebel z. B., der uns vor
Angen schwebt, davon die Ursache. Stellen wir uns
Reisende vor, die dergestalt ein Nebel, ein dichter Dunst
überfällt: sie sehen dann Alles, was vor ihnen und
um sie ist, Berge, Thäler, Bäume, Häuser, Menschen,
Thiere, all dieses sehen sie, nicht wie es ist, sondern
wie es scheint, in undeutlichen, unsicheren Gestalten.
Kein Wunder: Alles ist vor ihren Angen vermischt,
verwirrt, durch einander, und so können sie das Eine
von dem Anderen nicht richtig unterscheiden; sie können
nicht sehen, was jedes Ding in Wahrheit ist. Doch
kaum steigt der Nebel: so sehen sie gleich wieder Alles, wie

zuvor, hell und deutlich, indem sie jetzt wieder von selbst scheiden und verbinden und Alles so sehen, wie es wesentlich, wie es in Wahrheit ist. So gelangt man in der Sinnenwelt, nach Entfernung der Hindernisse, zur Anschauung der Wahrheit. Eben so in der übersinnlichen oder denkbaren Welt; doch mit dem Unterschiede, daß hier unser Verstand nicht durch einen Zufall, einen Nebel, wogegen wir nichts vermögen, verhindert wird, Alles zu sehen, wie es ist, sondern daß wir entweder selbst Ursache des Nebels unserer Vorurtheile und Irrthümer sind, oder uns durch die Irrthümer und Vorurtheile Anderer haben blenden lassen. Dies macht hier die Sache bei weitem schwieriger, als in der Sinnenwelt: um so mehr, da wir durchgehends für unsere eigenen Meinungen, mögen sie auch noch so sonderbar, und ungereimt sein, oder Anderen scheinen, dennoch außerordentlich eingenommen sind. Um jedoch hier wie dort, aus der Dämmerung zum Licht, aus dem Ungewissen, Zweifelhaften zu Wahrheit zu gelangen, dürfen wir nur scheiden und verbinden, zu allererst aber scheiden. Das Lateinische cernere drückt dieses vollkommen aus. Es bezeichnet, wie schon erwähnt, sowohl sehen als scheiden und zeigt also an, wie wir durch Scheiden zum Sehen gelangen.

Und drücken wir nicht ebenfalls diese allgemeine Vergleichung der sichtbaren mit der denkbaren Welt vollkommen und richtig aus, wenn wir von einem scharfsinnigen Manne, einem Manne von richtiger Urtheilskraft sagen: es schimmert ihm nicht vor Augen, hell durchschaut er Alles. Wie liegt nicht auch

derselbe Begriff von klarem Durchschauen einer
jeden Sache, so ganz und gar in all unseren Vorstellungen von Wahrheit! Nichts doch schreiben wir
der Wahrheit häufiger und richtiger zu, als Helle,
Klarheit, Licht. Licht der Wahrheit, sagen
wir. Hören wir den Diocles bei unserem Hemsterhuis,
wo er vom Wege der Wahrheit spricht: L'auguste
vérité, sagt er, habite un temple au sommet d'un
rocher inébranlable, qui touche à la demeure des
dieux immortels. Il est à jamais entouré d'épais
nuages, de brouillards et de vapeurs, qui rompent
les rayons qui descendent de la Déesse jusqu'à nos
yeux, et nous font voir son spectre irrégulier et
confus, souvent bien à côté de sa position véritable.
Chacun de nous voit son fantôme, suivant la re-
fraction du nuage qui se trouve devant lui. —
Méprisons nos fantômes, perçons ces vapeurs: écar-
tons ces nuages. Quel bonheur pour nous, mon
cher Aristée, si, parvenus au pied de son trône,
nous pouvions voir percer la lumière à travers la
route pure que nous aurions tracée (¹)! Die schönste
dichterische Vorstellung vom Anschauen der Wahrheit
ist die des Homer, wo Minerva jenen vor den Augen
des Diomedes ausgebreiteten Nebel vertreibt, wodurch
er unterscheidet, erkennt, ob er einen Gott oder einen
Menschen verfolge. Daher das lateinische Sprüchwort:
nubem pro Junone amplecti, welches wir häufig
der Annahme der Wahrheit entgegensetzen, und auf
leichtsinnige Menschen anwenden. Wahrheit also, un-

(¹) Aristée. Oeuvres, Vol. II. p. 29.

sere Sprache zeigt es uns, ist innigst mit Wesenheit verbunden. Keine Wahrheit ohne Wesenheit.

So hätten wir denn nur Schein von Wesen zu trennen, um Eintritt ins Reich der Wahrheit zu erlangen. Und, was nun die Mittel betrifft, um jenen Schein zu vertreiben, so sehet von hier, meine Leser, von dieser Höhe, die wir erreicht haben, auf all unsere früheren Untersuchungen herab, und verfolget die Naturdialektik, wie wir sie in den Sprachen entdeckt haben. Von selbst sehen wir, daß man durch Wahrheitsliebe zuerst, und besonders durch unseren Wahrheitssinn und dessen Wirkung, durch Urtheilen, Fassen, Begreifen, Merken, Aufmerken, Ueberlegen, d. h. Sprechen mit sich selbst, sich Rechenschaft von Allem geben, und dergleichen mehr, dorthin, zu Wahrheit gelangen müsse. Durch dieses Alles doch, und besonders das Urtheilen, durch jeues ursprüngliche Theilen, welches zum Wesen unserer Seele zu gehören scheint, unterscheiden wir Wesen von Schein, und sehen das Wahre. Ist aber dieses hinreichend, wird man sagen, um ins Reich der Wahrheit einzutreten? Wie Vieles giebt es nicht, was unsere Fassungskraft bei weitem übersteigt, z. B. das Wesen der Gottheit? Wird man dieses auch, wie das Uebrige, durch Unterscheidung des Wesens vom Schein, ergründen können? Es ist etwas Anderes, meine Leser, ins Reich der Wahrheit eingelassen zu werden: etwas Anderes, über dieses und alle ähnlichen erhabenen Gegenstände der Wahrheit gemäß Urtheil zu fällen. Plato begnügte sich, nur den Weg der Wahrheit zu zeigen: und darauf schränke ich mich auch ein.

Wir werden in der Folge, wann wir unser zweites
Problem: Wie gelangt der Mensch zu Tugend?
aufgelöset haben, das Reich der Wahrheit, welches
zugleich das der Tugend ist, noch deutlicher und vollständiger, wie ich hoffe, erblicken; aber auch dann
werde ich mich begnügen, Euch den Eingang dazu
geöffnet zu haben. Was nun die Natur und das
Wesen der Gottheit betrifft, auch dieses meine ich,
kann man, hauptsächlich durch Unterscheidung des
Wesens vom Schein, einigermaßen ergründen. Denn
was ist dazu anders erforderlich, als von dem höchsten
Wesen dasjenige, was es nicht ist, zu trennen, vorzüglich Alles, was wir veränderlich, unbeständig,
trügerischen Schein nennen, wie es Plato machte,
als er die Natur desselben zu erklären suchte (¹). So
bleibt uns, nach dieser Absonderung, das Wesentliche,
Wesenheit und Wahrheit. Und was ist es, meine
lieben Leser, was doch ist es, das wir, außer der
Weisheit und Güte Gottes, in dem beständigen Wechsel
des Lebens zu unserer Hoffnung, nnd Ermuthigung,
gründlich zu erkennen, mehr nöthig haben, als gerade
jenes Wesentliche, das Wahre? Habt ihr aber,
um auch hier aus unseren gewöhnlichen Ausdrücken
Licht zu schöpfen, habt Ihr wohl darauf geachtet,
wie wir eben diese richtige, diese erhabene Vorstellung
der Gottheit, in unseren Sprachen ausdrücken? Nennen wir doch die Gottheit das Opperwezen, l'Être
suprême? Und denken wir nicht mit dieser Benennung
von selbst an, daß wir das Wesen, das höchste

(¹) Init. Vol. III. 218.

Wesen, das Wesen aller Wesen, wodurch die Natur in Wesenheit und Wahrheit gegründet ist,
darunter verstehen?

Wir wagen es nicht, sage ich, in das Reich der
Wahrheit einzutreten, aber, nachdem wir demselben
so nahe gekommen sind, was dünkt Euch, meine Leser!
muß es uns nicht schon sehr erhaben scheinen, daß
wir das Wesen darin herrschen sehen, welches die
Wahrheit selbst ist? Und läßt sich in der That zugleich etwas Einfacheres denken, als dasjenige, was
wir jetzt nach all unserem Forschen darunter verstehen?
Denn was ist dieses anders, als daß der Mensch ein-
gehüllt in die Nebel des Scheins, durch Scheiden und
Verbinden, vorzüglich aber durch Scheiden, Alles so
sieht, wie es ist?

Wie gelangt der Mensch zu Tugend?

'Αλλ' ἥμεν καταγελαςότατοι, ὥσπερ οἱ ἐν
ταῖς χερσὶν ἔχοντες, ζητοῦσι ἐνίοτε ὃ ἔχουσι.

Wahrlich, werden meine Leser denken, eine ganz
andere Behandlungsart der Philosophie, als welche
man gewöhnlich bei den Philosophen, wenigstens bei
den Methaphysikern antrifft: so kann ja wohl Jeder
Philosoph werden. Und so muß es uns wohl vorkommen, ich gestehe es gerne; dieses jedoch war es
eben, was ich vorhersah, als wir mit unsern Forschungen einen Anfang machten. Die Metaphysiker
haben sich fortwährend die Sache erschwert. Sie gin-
gen von tiefsinnigen, ganz abstracten Untersuchungen
aus. Denn mit dem Wahrnehmen und Aufmerken
der Empiriker nicht zufrieden, suchten sie alsbald,
nach so genannten Gründen a priori, um daraus,
wo möglich, Alles herzuleiten, und durch ein solches
fortgesetztes Urtheilen endlich zu festen Schlüssen und
zu Wahrheit zu gelangen. Und so wurde freilich, mitten unter diesen abstracten, dunkeln Betrachtungen, ein
durchdringender Blick erheischt, um irgend Etwas zu

entdecken und kennen zu lernen. Verfährt man aber
so, wie wir uns eben bemüht haben: fängt man,
ohne sich zuerst noch um das a priori oder a posteriori zu bekümmern, wie es eben die Natur vor-
schreibt und auch die Empiriker nicht ohne Ursache
thun, mit Wahrnehmen, mit Aufmerken, mit Untersuchen, Erforschen, Nachspüren an, und zwar solches,
was dennoch die Empiriker nicht beobachten, nach einem
Leitfaden, dem man folgen kann, dann sieht und entdeckt man ohne Mühe Vieles, auch ohne so außerordentlich scharfsichtig zu sein, und wird man ohne es
zu wissen Philosoph. Auf diese Weise nimmt man,
welches, wie wir erfahren, zur Beantwortung der
wichtigsten Fragen führt, Spuren in den Sprachen
wahr, die der menschliche Geist im Laufe der Zeiten früher oder später darin zurückgelassen hat.
Wie viele solcher Spuren haben wir darin nicht
schon gefunden! Und in der That hat man diese
Naturausdrücke, als Sinn, zintuigen, Urtheilen,
Fassen, opleiding, onderwijs, rede, denkbeelden,
Wesen und Schein, und so viel andere, hat man
sie nur in gewisser Reihenfolge anzuführen und vorzustellen, um daraus die ganze Entwicklung des
menschlichen Verstandes zu erklären, ja selbst — und
wie wichtig ist dieses nicht! — um dadurch den
Weg der Wahrheit zu finden. Dies ermuthigt, nicht
wahr meine Leser! um unsere Forschungen weiter fort-
zusetzen, und den Menschen sich auch als sittliches
Wesen entwickeln zu sehen. Und wißt Ihr, was mir
so vorzüglich bei dieser Art zu philosophiren gefällt?
Dieses, daß wir uns so vollkommen davon überzeugt

halten können, auf festem Boden fortzuschreiten. Wir
halten uns weder bei Muthmaßungen, noch bei ge-
wagten Hypothesen auf, sondern in der Schule des
Sokrates und Plato unterwiesen, und dem Leitfaden dieser Schule folgend, scheint uns die Natur
selbst bei jedem Schritte, den wir thun, aus den
Sprachen zuzurufen: »Geht nur getrost weiter,
ihr seid auf dem rechten Wege.« Wohlan,
schreiten wir denn auch in unseren Forschungen weiter,
und fragen wir ferner: Wie gelangt der Mensch
zu Tugend?

Um einstens doch zu Weisheit zu gelangen, was
den Hauptgegenstand unserer Forschungen ausmacht,
ist es gewiß nothwendig, daß wir zu Wahrheit gelangen; doch ist dieses dazu noch nicht hinreichend. Auch
Tugend fordern wir vom Weisen: Kopf und Herz muß
bei ihm in vollkommner Uebereinstimmung sein: durch
sittliche sowohl, als geistige Vervollkommnung muß er
sich auszeichnen: mit einem Worte, er muß selbstständig werden. Was dieses Alles bedeute und was
wir dem zufolge zu verrichten haben, können wir aus
eben diesem Worte selbstständig schon hinreichend
erklären. Wir müssen, nach dessen Andeutung, den
Menschen dahin bringen, daß er auf sich selber
stehe, fest stehe auf dem Wege der Wahrheit, den
wir angewiesen haben, damit er festen Trittes, ohne
hierhin und dorthin abzuweichen, zum Reiche der Wahrheit und Tugend fortschreite. Wir werden ihn also,
da es hier auf Sittlichkeit ankommt, nach unserem
gewöhnlichen Ausdrucke, bilden, zu Tugend und sittlicher Vervollkommnung bilden müssen. Doch dazu

nebst Anderem wird es zu allererst nöthig sein, daß
wir den Menschen gründlich und durch und durch kennen lernen. Wir müssen ihn zuerst, nach Anweisung
der Sprachen, hinsichtlich seines Begehrungsvermögens
betrachten, wie er durch seine Begierden und Leidenschaften angetrieben wird: dann, wie er mit diesen
Begierden und Leidenschaften kämpft, und dieselben
besiegt: und endlich, wozu wir wohl hauptsächlich
einer tieferen Erforschung und Ergründung seiner sittlichen Natur bedürfen werden, wie er sich als sittliches Wesen, in seiner hohen Würde zeigt. Wahrlich
wichtige Untersuchungen! Doch ist es auch eine schöne
Aufgabe, welche wir zu lösen versuchen, unsere Moral
durch die Sprachen aufzuklären, ja, daraus die Principien der echten Moral zu schöpfen, so wie wir aus
denselben die Principien einer richtigen Dialektik herzuleiten suchten: und ich glaube zu durchschauen, daß
sich in eben denselben Sprachen, diesen Spiegeln der
menschlichen Seele, die Grundzüge sowohl unseres Be-
gehrungs- als Erkenntnißvermögens wahrnemen lassen.
Versuchen wir sofort, wessen wir fähig sind.

Der Mensch,

hinsichtlich seines Begehrungsvermögens, als leidendes und bedürftiges Wesen betrachtet.

———

Leidend sowohl, als thätig, ist der Mensch, wie uns die Alten gelehrt haben. Weit deutlicher aber, als jene alten Philosophen, können uns dieses unsere Sprachen anweisen. Wir erleiden Rührungen, Affecte von Lieb und Leid: Eindrücke empfangen wir von demjenigen, was wir sehen, besonders aber von dem, was wir hören: tiefen Eindruck macht auf uns eine Lehre, ein Rath, eine Rede. All diese Wörter und Redensarten drücken einen leidenden Zu= stand aus. Doch thun dieses noch bei weitem mehr diejenigen, welche heftige Begierden bezeichnen. Hartstogten nennen wir diese meistens, wie Leidenschaft der Liebe, der Rachsucht, die uns hinreißen, außer uns selbst setzen, so daß unser Verstand, unsere Vernunft schweigt. Πάθη nannten sie die Griechen, woher das spätere passiones, passions abstammt. Eben so sagen die Deutschen Leidenschaften. Leidend verhalten wir uns bei alle dem, wie es aus diesen Ausdrücken er= hellt, und darum verglich Plato den Menschen mit

Puppen, welche, durch Fäden gezogen, Kindern zur Ergötzung und Belustigung dienen. »Wahrlich,« sagte er, »so verhält es sich mit dem Menschen: durch Lust und Schmerz und allerlei Leidenschaften bald hieher bald dorthin gerissen, ist er ein Spielball höhrer Wesen.« Doch woher unsere Leidenschaften? Woher besonders diejenigen, welche aus unserem Begehrungsvermögen entstehen? Kein Philosoph hat uns dieses je deutlicher und vollständiger fühlen lassen, als Diotima in Plato's Gastmahl, wo sie aus der Bedürftigkeit des Menschen den Ursprung der Liebe herleitet. Es ist wirklich Bedürftigkeit, aus der unsere Begierden entstehen, und darum sind dieselben so heftig. Der gesättigte Löwe fügt dem Lamme kein Leid zu; doch ausgehungert, durch Mangel an Nahrung getrieben, verschlingt er was ihm begegnet. Dies also ist die Art und Wirkung der Bedürftigkeit und ebenso des Begehrens, wie es dieses Wort selbst andeutet. Es ist mit Gier verwandt: nebst Begehren findet man im Deutschen auch noch Gieren und daher gierig, geldgierig, ehrgierig, lehrbegierig: es drückt gleichsam das Streben des Geiers (¹) aus, der über seiner Beute schwebend darauf niederschießt: und gleicht dem nicht der Mensch, der durch Rachsucht z. B., die heftigste aller Begierden und Leidenschaften, hingerissen, nach Blut dürstet, und nicht ruht, bevor er diesen Durst gelöscht, diese Leidenschaften befriedigt hat? Das Heftige dieser Leidenschaften drücken wir mit dem Worte

---

(¹) Im Holländischen Gier; auch unser Geier stammt bekanntlich von Gier ab.

hartstogt, seiner ganzen Kraft nach aus. Es ist dem
ademtogt, dem Keichen beim Nachsetzen dessen, was
man verfolgt, entlehnt, und auf das hart (Herz)
übergetragen, stellt es uns den Menschen vor, der
seinen feurigen Begierden und Leidenschaften freien
Lauf läßt.

So, glaube ich, müssen wir es anfangen, um unser
Begehrungsvermögen genau kennen zu lernen. Gelingt
uns dieses, so können wir ferner sehen, wie dasselbe
mit unserem Erkenntnißvermögen und unserer Vernunft
in Uebereinstimmung kommen müsse, und wie der Mensch
zu Selbstständigkeit gelangen könne. Schreiten wir
also dergestalt in unseren Untersuchungen fort.

Leidend, und gleichfalls, wie wir sehen, bedürftig
ist bei all dem der Mensch, wie wenig er uns dieses auch scheinen möge: denn der Rachsüchtige kommt
uns bei Verfolgung seines Feindes sehr thätig vor;
dennoch ist er es nicht: er ist vielmehr schwach, indem
er sich durch seine Leidenschaften hinreißen läßt. Dies
ist im Menschen eine Quelle vieles Bösen, doch zugleich
auch vieles Guten und Vortrefflichen. Liebe, die edelste
aller Leidenschaften, welche het leven van ons leven ([1])
ist, verdanken wir dieser Bedürftigkeit und Schwäche.
Kein Verlangen, keine Liebe ohne Bedürftigkeit: wie
aus den Sprachen erweislich, besonders aus dem desiderare der Lateiner, welches verlangen und begehren, doch ursprünglich mangeln und bedürfen
bezeichnet. Ihr kennt, meine Leser! die alte Fabel
des Aristophanes beim Plato vom Entstehen der Liebe

([1]) Die Seele unseres Lebens.

unter den Menschen. Daraus ersehen wir, wie der Mensch diesem seinen leidenden, bedürftigen Zustande sein größtes Glück, ja, seine Tugend verdanke. Doch bemerktet Ihr wohl, wie jene Fabel, so zu sagen, in unseren Sprachen liegt, und von selbst daraus entwickelt werden kann? Ich werde Euch darauf führen: denn dieses würde doch wohl sicher dafür sprechen, ja, es beweisen, daß sie ganz aus der Natur genommen sei.

Vernehmt also in wenigen Worten, was der griechische Lustspieldichter auf seine so recht komische Weise ausführlicher erzählt.

»Ich will euch, sagt er zu seinen Tischgenossen, die Natur und die Macht der Liebe zu erklären suchen: Anderen mögt ihr hernach wiederum davon mittheilen. Ursprünglich war jeder Mensch ein Ganzes, uicht, wie jetzt, eine Hälfte von demjenigen, was er früher war. Er war von kugelrunder Gestalt, hatte vier Hände, vier Beine, zwei von einander abgewandte Gesichter an einem Kopfe, vier Ohren, zweifache Schamglieder und alles Uebrige dem entsprechend. Er ging aufrecht, wie wir jetzt, wohin er wollte; wünschte er jedoch schnell fortzueilen, so bewegte er sich auf jene acht Glieder gestemmt, behende im Kreise fort, wie man es noch heutigen Tages Buben machen sieht, welche auf Händen und Füßen ihr Rad schlagen. Ferner gab es damals unter den Menschen drei Geschlechter, nicht, wie jetzt, zwei, das männliche und weibliche, sondern noch ein drittes Geschlecht, das aus Beiden bestand: man heißt es jetzt ἀνδρόγυνον. So nun waren ursprünglich die Menschen: und so besaßen sie außerordent-

liche Leibesstärke und waren hochfahrenden Sinnes:
sie wagten es sogar, die Götter anzugreifen, und,
was Homer von Ephialtes und Otos meldet, wird
auch von ihnen erzählt, daß sie den Himmel bestürm-
ten, um sich die Götter zu unterwerfen. Jupiter also
und die übrigen Götter berathschlagten, was zu thun
sei, und geriethen in Verlegenheit. Denn sie konnten
sich nicht dazu entschließen dieselben zu tödten, und,
wie damals die Giganten, so jetzt das Menschengeschlecht mit dem Blitzstrahl zu vernichten: damit wären
ja auch die Ehrenbezeugungen und Opfer, die sie von
den Menschen erhielten, dahin gewesen; aber auch anderseits, sie so fortfreveln zu lassen, auch das war
keineswegs zu dulden. Endlich, nach langem Hin-
und Hersinnen, spricht Jupiter: ich glaube ein Mittel
gefunden zu haben die Menschen fortbestehen zu lassen
und zugleich ihren Muthwillen einzuschränken, wenn
ich sie nämlich schwächer mache. Ich werde sie, sagte
er, der Reihe nach mitten durchschneiden: so werden
sie zugleich theils schwächer, theils, durch Vermehrung
ihrer Zahl, uns auch nutzbarer. Vor der Hand gehen
sie denn aufrecht auf zwei Beinen; wofern sie aber
wiederum etwas Böses unternehmen, und sich nicht
still und ruhig verhalten wollen, so schneide ich sie
nochmals durch, so daß sie ferner auf einem Beine
forthinken. Dies gesagt, schnitt Jupiter die Menschen
entzwei, und, sobald er einen durchgeschnitten hatte,
befahl er dem Apollo demselben das Gesicht nach dem
Durchschnitte umzukehren, damit er sich durch dessen An-
blick fernerhin sittsamer betragen solle. Doch war dieses Alles kaum geschehen, als sich jeder Theil entweder

vom männlichen, oder vom weiblichen, oder auch von
beiderlei Geschlecht, augenblicklich nach seiner eigenen
Hälfte sehnte und sich damit wiederum gänzlich zu
vereinigen strebte." (1)

Hier haben wir also den Ursprung der Liebe bei
den Menschen, und zugleich, was der Mensch seinem
leidenden, bedürftigen und schwachen Zustande
zu verdanken hat. Thätig war er anfangs, aber dadurch selbstsüchtig, hochfahrend, böse, ja, gottlos;
doch kaum ist er durchgeschnitten, als auch sogleich
seine Thätigkeit aufhört: Liebe treibt ihn zu seiner
anderen Hälfte, und nun genießt er in den Armen der
Liebe und Freundschaft das höchste Glück, und wird
sittsam, tugendhaft, gottesfürchtig. Doch, meine Leser! wie oben erwähnt, bemerktet Ihr nicht von selbst
in der Erzählung des Aristophanes, wie eben diese
Fabel in unseren Sprachen liegt? Nennt nicht der
Mann bei uns seine Gattinn, seine wederhelft, sa
moitié, und wurde so nicht Virgil von seinem Busen-
freunde Horaz: animae dimidium meae genannt?
Kaum braucht man Dichter zu sein, um einzig aus
diesen Wörtern und Ausdrücken eine solche Fabel zu
dichten.

Keine Liebe, doch so auch keine wahre Selbstgenügsamkeit, keine Selbstständigkeit, ohne Bedürftigkeit.
Auch dieses, meine Leser! glaube ich Euch, sowohl
aus einer alten Fabel, als aus den Sprachen erklären zu können. Hören wir denn Diotima bei Plato,
wo sie uns die Geburt des Eros erzählt. »Die Mut-

(1) Symp. 189, 190.

ter des Eros," sagt sie, »ist Penia: der Vater, Poros.
Zum Geburtsfeste nun der Aphrodite war Penia —
Bedürftigkeit oder Armuth bezeichnet dieser grie=
chische Name — nicht eingeladen, und so blieb sie,
ungebeten, an der Pforte des Palastes stehen, umher=
spähend und in Erwartung dessen, was ihr vielleicht von
diesem Feste anheim fallen möchte. Lange verweilte sie
daselbst, doch endlich kam Poros — auch dieser Name
hat seine Bedeutung: es wird damit Jemand, der
viel besitzt, in Ueberfluß lebt, reich und vermögend ist,
angedeutet — Poros also kam endlich heraus, und,
da er sich bei dem Mahle an Speise und Trank bis
zum Uebermaße gelabt hatte, fiel er hier, von Wein
und Schlaf überwältigt, nieder. Kaum sah dieses
Penia, als sie, bei ihrer Schlauheit, auf eine List
sann, leise zu ihm hinschlich, sich zu ihm legte, und —
die Folge ihrer List und Ueberlegung war, daß sie zur
bestimmten Zeit Eros — bei uns heißt das Kind Lie=
be — zur Welt brachte." Keine Fabel drückt vollstän=
diger den Ursprung und die Natur der Wünsche und
Begierden, besonders die der Liebe, aus. Sie entwickelt
vollkommen, was im genannten desiderare der Latei=
ner, was im regretter der Franzosen, ja auch in den
Ausdrücken aller Völker enthalten ist, wenn sie von
Befriedigung, von Sättigung der Begierden re=
den. Doch eben diese Fabel, eben diese Wörter lassen
uns hinreichend und gründlich einsehen, wie viel Gutes
und Herrliches uns aus jener Bedürftigkeit eraprieße.
»Die Liebe ist arm," so fährt die weise Diotima fort,
»doch zugleich reich; bedürftig, doch führt sie uns zu=
gleich zum Ueberfluß: sie gleicht ihrer Mutter, doch

auch zugleich ihrem Vater; mit anderen Worten und ohne Sinnbilder: Liebe, welche bei uns aus Bedürftigkeit entsteht, läßt uns zugleich diese Bedürftigkeit befriedigen und den Mangel ersetzen."

Wir sind gewöhnlich so stolz und eingebildet auf dasjenige, was wir vermögen, daß wir uns ungern den Menschen, als bedürftiges Wesen, vorstellen; doch aus den Sprachen, wie schon erwähnt, und solchen alten Fabeln, müssen wir uns davon überzeugen. Haben wir damit begonnen, so werden wir erst fassen, welcher Art und wie groß unser Vermögen sei. Jenes Befriedigen setzt ein Verlangen in unserem Inneren voraus: wir suchen und streben dieses Fehlende zu ergänzen, diese Bedürftigkeit zu befriedigen, und so werden, bei diesem Suchen und Streben, alle Vermögen geweckt, die bis jetzt in uns schlummerten: so entwickelt sich in uns eine Kraft, eine wunderbare Kraft, wodurch wir uns Alles zu vermögen getrauen. Daher wird die Liebe unüberwindlich genannt. Dieses Alles rührt von unserer Bedürftigkeit und Schwäche her: ohne diese, keine Liebe, und ohne Liebe, keine so erhabene, göttliche Kraft im Menschen.

———

So nun ist, nach Andeutung der Sprachen, wie der alten Fabeln, die hierin von nicht geringerem Gewichte sind, unser Begehrungsvermögen beschaffen. Wir könnten es jetzt schon einigermaßen, um die Vortrefflichkeit der sittlichen Natur des Menschen kennen zu lernen, und ihn desto besser zu Tugend zu bilden, mit unserem Erkenntnißvermögen vergleichen.

Der Mensch erhebt sich, als vernünftiges Wesen,
weit über die Thiere: was er besonders, wie uns erhellte, dem Vermögen zu urtheilen und aufzumerken zu verdanken hat; doch stellen wir ihn hier, als
sittliches Wesen, den Thieren gegenüber, was ist er
dann nicht in unseren Augen der Liebe schuldig! Die
Thiere werden lediglich durch Geschlechtstrieb angetrieben, oder, falls sich auch unter ihneu, beim Paaren,
ein gewisser Instinct von Gutwilligkeit, Zuneigung,
Treue zeigt, so ist dies doch nur Instinct und kann
nicht eigentlich Liebe genannt werden. Der Mensch
allein ist für Liebe empfänglich, und Liebe, wie wir
sagen, ist ihm het leven van het leven ([1]). In eben
dem Gastmahle Plato's, worin jene beiden schönen
Fabeln vorkommen, unterscheidet Pausanias sehr richtig die gemeine und die himmlische Liebe. Er versteht unter jener den Geschlechtstrieb und überhaupt all
jene wilden Lüste und Triebe, die der Mensch mit dem
Thiere gemein hat, oder die ihn auch wohl unter das
Thier herabwürdigen. All dieses bezieht sich nach ihm
auf den Körper und die sinnlichen Begierden; doch so
stellt er uns die Liebe, die eigentliche Liebe, die himmlische, in ihrer ganzen Lauterkeit und Erhabenheit vor
Augen. Sie will sich, sagt er, so wenig als möglich
mit dem Körper befassen, sondern gehört ihrer Natur
nach der Seele an: auch ohne Unterschied des Ge-
schlechtes verbindet sie Menschen mit einander und dies
zwar durch Trieb zum Guten und Edlen, durch Streben nach Tugend und sittlicher Vervollkommnung. Er

---

([1]) Die Seele des Lebens.

stellt uns ein Heer von Freunden vor, worin die Liebe, die himmlische, herrscht. Was würden diese, sagt er, nicht für einander und für den Staat ausrichten! Von allem Bösen würde sie gegenseitige Scham abhalten, zu allem Guten und Edlen würde sie gegenseitiger Wetteifer um Tugend und sittliche Vortrefflichkeit führen. Unüberwindlich wäre ein solches Heer. »Die Liebe ist es," sagt er, »welche den Menschen mit Begeisterung für das Gute erfüllt, ja, ihn freiwillig für einen Anderen sterben heißt, wie es so viele Beispiele älterer und neuerer Zeit beweisen." So Pausanias bei Plato: und wer ersieht hieraus nicht, wie hoch die Liebe den Menschen über das Thier erhebe?

Leven und lieven sind in unserer Sprache, hinsichtlich ihres Lautes, sehr nahe verwandt, und so auch das Leben und Lieben der Deutschen. Drücken wir nicht auch durch diese gleichlautenden Wörter, wie es öfters in den Sprachen geschieht, Verwandtschaft der Begriffe aus, und deuten wir damit alsdann nicht gerade dasjenige an, was die Deutschen so gerne und so oft sagen: kein Leben ohne Liebe?

Ich wiederhole hier, was ich schon gleich Anfangs gesagt habe: es ist sonderbar, daß man so, in allen Jahrhunderten, die Liebe aus der Philosophie verbannet und sie nur dann und wann und immer nur auf kurze Zeit ihre Stelle in derselben wieder erlangt hat. Denn wie kann man zu Wahrheit gelangen ohne Wahrheitsliebe? Und hier, wo wir von der Sittlichkeit des Menschen reden, sehen wir hier nicht aus der Fabel des Aristophanes und aus unserem wederhelst, aus Diotima's Vorstellung der Liebe und aus alle dem,

was wir daraus hergeleitet, erſehen wir daraus nicht
vollſtändig, welchen Einfluß die Liebe auf unſere ſitt=
liche Natur habe, ja, daß wir, ohne die Liebe, gánz
unmöglich ſittliche Weſen ſein können?

Wenn aber die Liebe alles dieſes für den Menſchen
iſt, wenn er wirklich, wie ich eben ſagte, durch Liebe
lebt, ſo könnte man wohl leicht fragen, ob denn nicht
die Liebe für ſich ſelbſt und einzig hinreichend wäre,
um uns zu Tugend und zu jener Feſtigkeit zu bringen,
wodurch wir auf uns ſelbſt ſtehen und auf dem Pfade
der Wahrheit ſtandhaft fortſchreiten? Dieſe Idee, ich
geſtehe es, gefällt mir. Wir ſprechen auch gerne vom
Liebenswürdigen der Tugend: aus Liebe zur
Tugend das Böſe zu unterlaſſen, iſt ein ſchöner Grund=
ſatz: oderunt peccare boni virtutis amore. Sagen
wir auch nicht: ohne Aelternliebe, ohne Bruderliebe,
ohne Menſchenliebe wird Keiner je ein guter Menſch?
So verhält es ſich wohl mit alle dem, ich muß es ein=
geſtehen und thue es gerne; aber ſprechen wir auch
nicht von gewiſſer vindictae amor, von amor habendi,
die mit auri sacra fames von gleicher Bedeutung iſt?
Erwähnten wir ſelbſt nicht eben unreiner Liebe? Ich
folgere daraus, daß ſich Liebe auch wohl mit unreinen
Trieben vereinige, wie mit Haß und Rachſucht, wovon
wir oben ſprachen, auch mit Habſucht: nicht, als ob
ſie deßhalb rachſüchtig oder habſüchtig würde: wie
wäre dies möglich? eben ſo wenig kann ſie dieſes wer=
den, als daß ſie haßte; doch ſie vereinigt ſich wohl
zuweilen damit, wie ich ſage, und ſo wird ſie oftmals
davon beherrſcht und dergeſtalt artet ſie ſelbſt in Feh=
ler und Laſter aus. Die ärgſten Menſchenhaſſer haben

gewöhnlich am feurigsten geliebt. Es wird also außer
Liebe noch etwas Anderes im Menschen erfordert, wodurch er Acht geben und wachen muß, daß Liebe bei
ihm nicht in Fehler und Laster ausarte. Und ist nicht
ferner der Mensch, der durch Liebe angetrieben wird,
im Grunde leidend? Alle Begierden, Verlangen, Affecte, hartstogten, sind πάθη, Leidenschaften, passions, wie es uns die Sprachen gezeigt haben. Wie
könnte uns also Liebe allein, ohne ein thätiges Vermögen, zu Tugend führen? Doch überdieß, was sie
auch auf den Menschen, als sittliches Wesen, zu seiner Tugend und sittlichen Vervollkommnung auszuüben
vermag, der Mensch ist, wie man sich zu jeder Zeit
und bei allen Nationen über ihn geäußert, vernünftiges Wesen und wird, als solches, als durch die
Vernunft geleitet, und besonders durch die Vernunft
seine Herrschaft über Alles ausbreitend, über die übrigen Geschöpfe, als vernunftlose, gestellt. Wir müssen hier also wohl vorzüglich auf die vernünftige Natur des Menschen Acht haben, wie sein Erkenntnißvermögen mit seiner Sittlichkeit und seinen Affecten, und
überhaupt mit seinem Begehrungsvermögen in fortwäh-
rendem Streite sei, und wie viel nicht dazu gehöre
um ihn in diesem schweren Kampfe durch Selbstbeherrschung, selbstständig zu erhalten. Eine lange Untersuchung, ich sehe es vorher, wird dieser Streit des
Menschen mit sich selbst erfordern; doch die Sprachen
werden uns, wie ich denke, abermals die Sache er-
leichtern.

Wie wird der Mensch zum thätigen und selbstständigen Wesen?

Schon mehrmals machte ich meine Leser, in unseren Platonischen Untersuchungen, auf das Bild aufmerksam, dessen sich Plato bedient, um uns die Wirkung der Vernunft, wie sie den Menschen zu Tugend leite, anschaulich zu machen. Ich meine seine Vorstellung der beiden Pferde im Phaedrus, mit dem Fuhrmanne, der dieselben lenkt, welches wohl die wahre Vorstellung des sinnlichen und zugleich vernünftigen Menschen sein wird. Ich will hier dieses Bild, mit Weglassung der erhabenen dichterischen Ausdrücke, nur in seinen Grundzügen entwerfen, um so mehr, da es nicht nur die Oberherrschaft der Vernunft im Menschen, sondern zugleich den Einfluß, den heilsamen Einfluß der Liebe, um uns zu Tugend zu führen, andeutet. Auch kann uns dasselbe auf den richtigen Begriff von Willen, und, was dazu gehöre, um unseren Willen kräftig wirken zu lassen, leiten. Und ferner, liegt es auch der Hauptsache nach in unseren Sprachen.

Im Menschen, sagt dort Sokrates bei ihm, wohnt ein wilder wüster Trieb, eine rasende Begierde nach Lüsten; doch zugleich ein gewisser Begriff vom Guten und Edlen, und ein Verlangen nach demselben. Beide sind dann und wann im besten Einverständnisse, doch auch zuweilen im heftigsten Streite begriffen: und,

wenn das Verlangen nach dem Guten durch die Herr=
schaft der Vernunft bei uns die Oberhand behält,
entsteht daraus Mäßigkeit und Tugend; reißt uns
aber jener wilde Trieb, ohne sich um die Vernunft
zu bekümmern, zu den Lüsten hin, so kommen wir zu
Uebermuth und den verschiedenartigsten Lastern. Stellt
euch ein Paar Pferde vor, welche durch die Vernunft
gelenkt werden. Das eine Pferd, jener wilde Trieb,
ist wüst, bitzig, unbändig; das andere hingegen von
guter Art und folgt dem Zügel, welchen die Vernunft
in Händen hat. Mühsam, höchst beschwerlich fällt
ihr diese Leitung: denn weder Zaum noch Peitsche kann
ihr nützen, um jenes ungestüme Thier zurückzuhalten,
oder durch Schrecken und Strafe zu bändigen: durch
feurige Lüste angespornt, stürmt es wüthend fort. Uns
möglich wäre es ihr sogar, ihre Herrschaft länger zu
behaupten und ihrer Sache Herr zu werden, wenn nicht
das andere Pferd, jenes Verlangen nach dem Guten
und Edlen, auf ihre Stimme horchte, und jenes wü=
thende Thier neben sich, mit Kraft zurückhielte, damit
es dasselbe nicht aufs Aeußerste treibe. So nur, spricht
Sokrates, nachdem er diesen Streit mit all dessen
Wechsel beschrieben hat, so nur wird es zuletzt der
Vernunft möglich, jenes Paar Pferde gut zu lenken
und nur auf diese Weise kann der Mensch zu Tugend
und Selbstständigkeit gelangen (1).

Dieses ist, sage ich, die wahre Vorstellung des
Menschen, als sinnliches und vernünftiges Wesen.
Ohne Liebe zu Tugend kann er unmöglich zu Tugend

---

(1) Phäedr. 237. D. 253. D. Init. Vol. III. p. 21.

und sittlicher Vollkommenheit gelangen. Doch ist dazu die Herrschaft der Vernunft nothwendig: und dieses Letztere, die Lenkung jener Pferde, wunderbar ist es, wie solches in unseren Wörtern und Redensarten ausgedrückt wird. Wir reden doch, so oft wir der Selbstbeherrschung des Menschen erwähnen, von einem im Zaume Halten, Bezähmen, Bezüglen der Leidenschaften. Der Mensch, sagen wir, wofern er nicht durch die Vernunft gelenkt wird, rennt in sein Verderben, und daher unser Ausdruck, den wir, ohne an Plato's Pferde und Fuhrmann zu denken, oder sogar je davon gehört zu haben, beständig von der Vernunft gebrauchen: sie müsse bei uns die Zügel in Händen halten. Würde man nicht wiederum aus diesen Ausdrücken, welche sich in allen Sprachen vorfinden, eine ähnliche dichterische Vorstellung, als welche im Phädrus vorkommt, der Hauptsache nach dichten können?

Aber besonders ist es bemerkenswerth, wie wir mit derselben Vorstellung vom sittlichen Menschen, schon gleich manchen Philosophen übertreffen, der sich noch mit jener gewöhnlichen Vorstellung begnügt, als ob die Vernunft an und für sich hinreichend sei, um uns zu Tugend zu führen. Denn wie wäre dieses wohl möglich? Die Leidenschaften sind so heftig in uns: sie spornen den Menschen an, um in ungestümer Hitze fortzujagen, fortzurennen: wie hätte die Vernunft allein das Vermögen, ihn in dieser Wuth zu bändigen und zu beherrschen? Diese Betrachtung nimmt um so mehr an Gewicht zu, wenn wir über dasjenige, was uns die Sprachen hinsichtlich der Vernunft gelehrt,

nachdenken. Eigentlich ist sie Gespräch, Gespräch
des Menschen mit sich selbst (1). Was nützt sie uns auf
diese Weise, um uns selbst zu beherrschen? Ziehen wir
noch außerdem die Erfahrung zu Rathe. Wie mancher Philosoph, der immer mit kalter Vernunft über
sich nachgedacht, und gleichsam mit sich selbst über
sich selbst gesprochen und gehandelt hatte, wurde kaum
durch seine Leidenschaften bestürmt, als er, ungeachtet
des Vermögens seiner Vernunft, durch dieselben überwältigt ward! Dies rührt, wird man sagen, daher,
weil er sich damals seiner Vernunft nicht bediente.
Aber, fragen wir, warum bediente er sich derselben
nicht? War es nicht deßwegen, weil sie jener Ueber-
macht der Leidenschaften unterliegen mußte? Und hier
handelt es sich gerade um Bändigung der brennen-
den Begierden und Leidenschaften; doch sehen wir nur,
wie schwach, wie wenig die Vernunft für sich selbst
auch dann genüge, wann nur Neigungen, verkehrte
Neigungen über uns die Oberhand bekommen. Wie
oft geht es uns nicht, wie die Alten sagten: video
meliora proboque, deteriora sequor. Man sieht ein,
was man thun müsse und billigt es: und doch thut
man es nicht. Noch mehr: unser Wille gebietet uns
dieses zu thun, und dennoch verschieben wir es von
einem Tage zum anderen, oder verrichten etwas Anderes. Hier wird man nicht sagen, daß wir unsere
Vernunft nicht gebrauchen: im Gegentheil: oft geben
wir uns selbst und Anderen die Lehre: nicht so viel
Worte, sondern mehr Thaten.

---

(1) Siehe oben S. 20.

Man sieht also, daß diese Sache nicht so mit einem
Machtspruche, die Vernunft muß unsere Leidenschaften und Neigungen regeln, abgemacht wird.
Es gehört mehr dazu, und zwar hauptsächlich dasjenige, woran so viele Philosophen zu jeder Zeit nicht
im mindesten gedacht zu haben scheinen, obgleich es
nicht weniger in unseren Sprachen, als in Plato's
Vorstellungen angedeutet wird: Liebe zur Tugend.
Inzwischen mögen wir sowohl von eben jenen Philosophen, jenen Rationalisten in den moralischen Wissenschaften, als vom Plato, lernen, daß, vermag auch
die Vernunft nicht Alles, sie doch Vieles bei uns vermöge, und uns beherrschen müsse. Sie läßt uns, in
unserem stillen Gespräche mit uns selbst, bei unserem
Scheiden und Verbinden, gute und böse Triebe, die
in uns aufsteigen, unterscheiden: sie wacht, daß nicht
die guten Triebe in böse ausarten, und, was für unsere Tugend die Hauptsache ist, sie ist es, die uns
einsehen lehrt, welche wir von denselben unterdrücken
und besiegen, welche wir hingegen zulassen und nähren
müssen. Dies thut sie; und so nur ist es uns möglich, trotz aller Verführung und jeder Reizung der
Lüste, als vernünftige Wesen, bei welchen die Vernunft die Oberherrschaft ausübt, zu handeln.

––––––––––

Schon mehr und mehr fangen wir an zu begreifen,
wie beim Menschen das Begehrungsvermögen mit dem
Erkenntnißvermögen in Uebereinstimmung gebracht, und
er selbst zu Tugend und sittlicher Vervollkommnung gebildet werden müsse. Dennoch werden hier meine Leser,

woran ich nicht zweifle, wohl noch etwas Anderes verlangen. Der sittlichen Natur des Menschen ja, wie
dieselbe von jenen beiden Vermögen wesentlich verschieden ist, erwähnten wir noch mit keinem Worte. Um
aber dieselbe richtig vorzustellen, und daraus die sittlichen Principien für unser Handeln herzuleiten, dazu
etzt uns Plato's Philosophie, der wir in unserer Untersuchung immer regelmäßig folgen, nicht in Stand.
Das Einzige, was wir derselben entlehnen können, ist,
daß sie uns einigermaßen darauf bringen kann, da sie
uns den Menschen im Menschen beobachten läßt und
auf gewisses inneres Naturvermögen in uns, θύμος
genannt, aufmerksam macht. Doch dem sei so: eben
dieses mag uns vielleicht in der Folge zu tieferer Ergründung der menschlichen Natur führen. Suchen wir
hier dasselbe aus Plato's Schriften, doch auch zugleich
aus unserer eignen Sprache zu erklären.

Keine Tugend ohne Kampf, sagen die Philosophen,
und so reden wir von Zorn, der in uns aufsteigt, so
oft wir uns selbst in diesem Kampfe mißfallen, oder
uns über das Betragen Anderer ärgeren: wie auch
von Muth, der dazu gehöre, um standhaft über unsere Neigungen und Leidenschaften zu herrschen: auch
und zwar vorzüglich, von Trieb, Antrieb, Begeisterung, welche uns gleichsam beseelen muß, um
immer mit Wärme der Sache der Tugend vorzustehen
und das Gute zu befördern: Ausdrücke insgesammt,
wie es mir scheint, die sowohl, als das Platonische
θύμος, das Naturvermögen anzeigen, das uns in jenem
Streite mit unseren Leidenschaften, nicht weniger als
unsere Vernunft und Liebe zur Tugend unentbehrlich

ist, ja, diesen Beiden zur Erlangung vollkommner Selbstständigkeit, Kraft verleiht. Beobachten wir dieses Vermögen, wie auch immer genannt, und dessen Wirkung
im Leben der Menschen, den Ausdrücken der Sprachen
gemäß.

Man erwähnt gewöhnlich in unseren Moralsystemen
eines Willens und einer Willenskraft, wenn man
von der Herrschaft über die verkehrten Neigungen handelt: und dies mit Recht: denn wie könnte man nach
dem Guten streben, wie das Gute thun, ohne das
Gute zu wollen? Doch unvermögend ist unser Wille,
wenn sich nicht gewisser Eifer und Zorn damit vereinigen. Beobachtet den Faullenzer: seine Vernunft sagt
ihm, daß ihm langes Schlafen an Körper und Seele
schädlich sei; auch will er dem abhelfen, wie sich jeden
Abend zeigt, wenn er sich zur Ruhe begiebt und vor-
nimmt früh aufzustehen; doch fortwährend wird er
mit all jener Ueberlegung, mit allen guten Vorsätzen,
bei all jenem guten Willen, Faullenzer bleiben, so
lange nicht gewisser Antrieb bei ihm entsteht, der seinem Willen Kraft verleiht, zur rechten Zeit aufzustehen. Wer fühlt auch nicht überhaupt Eifer in sich
aufsteigen, wenn er sich aus dem Zustande der Unthä-
tigkeit in den der Thätigkeit versetzt sieht? Wir suchen
dieses so viel als möglich auszudrücken, wenn wir
von unserer Willenskraft reden, so daß wir eines, ich
weiß nicht welches unbeugsamen, eisenfesten Willens erwähnen. Doch wie man es auch ausdrücken
mag, Wille ist nicht hinreichend, um uns alle Be-
schwerden des Lebens und auch unsere natürliche Träg-
heit überwinden zu helfen: oder vielmehr, unser Wille

wird feſt, wird thätig und vermögend, wird, wie man
ſagt, unbeugſamer, eiſenfeſter, eherner Wille,
wenn ſich Eifer, wenn ſich Muth, beſonders, wenn ſich
gewiſſer Zorn an und für ſich ſelbſt, damit vereinigt.

Dies insgeſammt, wie es in unſerer Sprache vorkommt, ſcheint Plato beabſichtigt zu haben, als er
den Wächtern in ſeinem Staate θύμος zuſchrieb. So
aber kömmt es auch bei den griechiſchen Dichtern vor.
Bei Homer und bei wie vielen Schriftſtellern nicht?
werden die Helden zornig über ſich ſelbſt der Fehl-
tritte halber, die ſie begangen, und auch nicht weniger
wegen Unentſchloſſenheit, wenn ſie wankelmüthig werden: und eben dadurch, durch dieſen Zorn, dieſen
Antrieb werden ſie Herr ihrer ſelbſt und legen mu-
thig Hand ans Werk. Gewiß eine heilſame Sache
für den Menſchen, jener Zorn, beſonders jenes über
ſich ſelbſt in Zorn gerathen! Darum ſuchte Sokrates in Jünglingen Mißvergnügen über ſich ſelbſt zu
erwecken, ſo daß ſie ſich vor ſich ſelbſt ſchämten, ſich
über ſich ſelbſt entrüſteten, zornig auf ſich ſelbſt
wurden. Kein beſſeres Mittel um zur Selbſtveredlung,
und zu einem feſten Entſchluſſe, das Gute zu thun,
zu gelangen. Wir nennen dieſes tot inkeer gebragt
te worden, tot inkeer te komen ([1]): und da dieſes
beſonders den Menſchen zu Tugend führt und ihn
ſtandhaft bei der Tugend beharren läßt, ſuchte De-
moſthenes in ſeinen Reden dahin vorzüglich ſeine Mit-
bürger zu bringen. Dieſes über ſich ſelbſt in Zorn
gerathen, welches dadurch entſteht, iſt das einzige

([1]) Zur Beſinnung gebracht werden, in ſich gehen.

Mittel, welches Einen, in dem heftigsten Zwiespalte
mit sich selbst, vom Verderben retten kann. Stellen
wir uns einen Menschen voller Ruhm= und Staatssucht
vor, und denken wir ihn uns, mitten unter Faktionen,
so sehr von seiner Partei, an deren Spitze er steht,
angespornt, um von seinen Grundsätzen abzuweichen,
daß er im Begriffe ist nachzugeben: was, fragt man,
was wird ihn in diesen gefährlichen Augenblicken von
einem verkehrten, unwiederruflichen Schritte abhalten?
Die Vernunft? Ja, sie müßte ihn überreden, in der
Wahrheit zu beharren; doch durch so viele beredten
Zungen ist sie selbst schou beinah überredet. Was
denn? Seiue guten Neigungen, Begierden, Leiden=
schaften, seine Liebe zur Tugend und sein Eifer für
dieselbe? O! diese sind es gerade, die ihm diese Augen=
blicke so gefährlich machen; denn es scheint, als .ob
sie alle von Natur verändert seien, alle insgesammt
seine Staatssucht anfeueren und noch mehr in Wuth
veränderen. Doch nochmals: was denn? Sein Trieb
nach Wahrheit? Ja, dieser verläßt ihn nicht, oder er
ist gänzlich ausgeartet; doch er steht im Begriffe für
Wahrheit zu halten, was er vorher als falsch ver=
worfen hatte und für dieses zu streiten: so verändert,
ja verblendet ihn seine Staatssucht ganz und gar.
Aber was denn? was denn? Nichts, nach Plato
und unserer Sprache, als daß er in sich gehe, zor=
nig auf sich selbst werde, sich schäme, sich entrüste
über seinen Wankelmuth. Hält dieser Zorn über sich
selbst den Staatssüchtigen in diesen Augenblicken nicht
zurück, verleiht dieser in jenem Zwiespalt seiner Ver=
nunft keine Kraft, um Trugreden zu verschmähen,

beherrscht derselbe, zugleich mit der Vernunft, seine
Leidenschaften nicht, so ist der Mann verloren, es
ist nicht anders möglich, und schnell sieht man ihn
für dasjenige eifern, was er noch kurz zuvor als
Irrthum verworfen und als böses Princip verabscheut
hatte.

Dieses Alles folglich, was wir genannt, und was
nach Cicero durch das Griechische θύμος ausgedrückt
wird, Eifer, Muth, Zorn, impetus, ira ist etwas
ganz Anderes, als Vernunft, als Neigung zum
Guten, auch etwas Anderes, als Wille. Erhaben
über dieses Alles ist Trieb, Antrieb, Begeisterung. Plato nahm in dem jungen Isocrates, wie er
im Phaedrus den Sokrates sagen läßt, gewisse ὁρμὴ
θειοτέρα (¹) wahr: wir können dieses nicht unpassend
mit göttlichem Antrieb übersetzen. Eben dasselbe,
dünkt mich, drücken wir mit unserem Begeisterung
aus, wenn wir der Dichter und auch Anderer erwähnen, welche auf und aus sich selbst nach dem Erhabenen und Schönen streben.

Doch gnügte es Plato nicht, zu untersuchen, wie
wir über die Natur unserer Neigungen und Leidenschaften, über die Wirkung unserer Vernunft und besonders
über die höchst wichtige Eigenschaft unseres Wesens,
die wir Trieb, Antrieb nennen, und woraus Begeisterung entspringt, denken müssen: er zog endlich das
Hauptresultat dieser ganzen Untersuchung zusammen,
und bildete daraus eine Vorstellung des Menschen,
wie er sich seinem Innern nach zeigt, welche für alle

(¹) Phaed. p. 279. A.

Moral merkwürdig ist, und hier besonders unsere Aufmerksamkeit verdient, weil sie, wie fast alle Bilder
Plato's größtentheils in unserer Sprache enthalten ist.

»Dem Aeußern nach zu urtheilen, sagt Sokrates bei
ihm zum Glauco, würde man den Tyrannen, den
schlechtesten der Menschen, für ein vortrefflicheres Wesen halten, als den Tugendhaften, den Rechtschaffenen;
doch willst du Beide ihrem Innern nach kennen lernen
und ganz durchschauen, so merke zuerst auf Folgendes
in der menschlichen Natur. Es wohnt in jedem Menschen ein Ungeheuer, nicht unähnlich jenen Schreck-
gestalten, welche in den alten Fabeln vorkommen, wie
die Chimären, Hydern und dergleichen: ein aus vielen,
theils zahmen, theils wilden Thieren bestehendes Ungeheuer, aus dem beständig neue Köpfe hervorschießen, welche alle Nahrung verlangen: ich meine das Begierige
im Menschen. Dabei ist in ihm ein Löwe zu bemerken, voller Feuer und Muth, der aber auch verschlin-
gen kann. Endlich wohnt im Menschen noch überdieß
ein Mensch. Nach dieser Wahrnehmung, fährt er
fort, sieh nun, wie es dort im Innern des Tyrannen zugeht, und nach genauer Betrachtung dessen,
vergleiche alsdann mit ihm den Tugendhaften. Beim
schlechtesten aller Menschen ist dieses Ungeheuer in voller Kraft und Wirksamkeit: er giebt ihm Nahrung so
viel es nur begehrt; und so auch der Löwe: aber der
Mensch? Eine Bente ist er dort jener wilden Thiere,
und da ihm alle Nahrung geweigert wird, stirbt er
denn auch endlich. Der Tugendhafte hingegen sucht
den Menschen in sich auf alle Weise zu hegen und
zu pflegen: auch weigert er den zahmen Thieren, jenen

edlen Begierden, unter denen sich die Liebe zeigt,
der Trieb zum Schönen und Guten — diesen weigert
er die nöthige Nahrung nicht. Doch, was das Ungeheuer selbst betrifft, welches ihn ganz zu überwältigen
trachtet, er würde es gerne verhungern lassen, um den
Menschen davon zu befreien, der einzig und mit höchster Gewalt in ihm herrschen muß, und es ist die Kraft
und der Muth des Löwen in ihm, wodurch er dasselbe
zähmt.

Sehet hier sowohl die gute als böse Natur des
Menschen: und gewiß vortrefflich ist dieses Platonische
Bild. Wir mögen jedoch wiederum bemerken, wie wir es
beinahe gänzlich in unserer Sprache ausdrücken; ja,
deßhalb ist es so vortrefflich, so wahr, weil es, wie
dies aus unserer Sprache erhellt, der Natur entnommen ist. Oder sprechen wir nicht von wilden Trieben
die uns zu überwältigen suchen? Sagen wir nicht,
daß diese in uns wohnen und ihren Sitz aufgeschlagen haben, und wir dieselbe bezähmen müssen. Nennen es nicht die Griechen *αὐτοκρατεια*, und
wir Selbstbeherrschung, so oft sie, oder wir von
jener Bezähmung unserer Leidenschaften reden? Und
ist endlich nicht in eben der Selbstbeherrschung
die Idee des Menschen enthalten, der über alles
Böse, was in ihm wohnt, den Sieg errungen hat?
Doch noch deutlicher. Suchen wir nicht durch dieses
Alles, wie wir es ausdrücken, zu Menschlichkeit,
zu Veredlung und Bildung, die dem Menschen ange-
messen ist, ja auch zum rechten Begriff von Menschheit zu gelangen?

Wie so ganz anders kommt uns der Mensch in der
wirklichen Welt vor, und wie er sich selbst in seinen
Sprachen äußert, als in den Schulen der Philosophen?
In denen der Empiriker und Epikuräer ist er ein bloß
sinnliches Wesen, zum Genuß bestimmt, welchen die
Sinne verleihen und den der Verstand erhöht; doch
des Glückes, welches das innere Leben darbietet, gänz=
lich unfähig. Warum nicht auf so viele Ausbrücke
in den Sprachen geachtet, die des Menschen hohe An=
lage, seine Anlage zu Tugend fühlen lassen, z. B. in-
doles, inborst (¹), Character, ἦθος, Sittlichkeit;
aber auch überhaupt, was das Thätige unserer Natur
betrifft, warum nicht auf Wörter geachtet, wie ultro,
sponte, αὐτουργος, αὐταρκεία, αὐτοκρατεία, Selbstthä=
tigkeit, Selbstgenügsamkeit, Selbstbeherr=
schung, Selbstständigkeit, und wie viele anderen
nicht in diesen und anderen Sprachen? Man darf nur
aus diesen Wörtern nehmen, was darin enthalten ist,
um uns den Menschen, wie er sich in der wirklichen
Welt in voller Thätigkeit zeigt, vorzustellen. Ganz an=
ders, ich gestehe es, kommt der Mensch bei den Stoi=
kern vor. Hier ist er freilich selbstthätig, beherrscht
er sich selbst, ist selbstgenügsam; aber all dieses trieben
sie so sehr ins Extrem, daß er endlich aufhörte Mensch
zu sein. Keine Liebenswürdigkeit und sogar keine Mensch=
lichkeit in ihrem Weisen. Es war ein Wesen, welches
mehr in den Schulen erdichtet schien, als ein solches,
welches unter Menschen mit Menschen umgehen konnte.
Und wenn Viele in älterer und neuerer Zeit jenem

(¹) Gemüthsart.

Bilde gleich zu werden strebten, so konnten sie durch
den Schein sittlicher Vortrefflichkeit glänzen, im Grunde
aber waren sie kaum sittliche Wesen zu nennen, da es
ihnen an sittlichem Gefühl, an Liebe, allgemeiner Men-
schenliebe, ohne welche keine Sittlichkeit bestehen kann,
ja, an religiösem Sinne fehlte. Sie waren in der
That ihr eigener Gott, und so lief ihre eingebildete
Tugend auf Eigendünkel, Eigensinn, Selbstsucht, auf
Hochmuth und Vermessenheit, und, mit einem Worte,
auf alles Andere eher, als auf sittliche Vollkommenheit hinaus.

———

Wir haben so, nach der Leitung der Platonischen
Moral, in den Ausdrücken der Sprachen entdeckt,
wie der Mensch in jenem Kampfe mit seinen Begierden und Leidenschaften zur Herrschaft über sich selbst
gelange. Auf diese Weise bekommen wir schon einige
Idee von seiner Selbstständigkeit. Doch dies Alles ist
noch nicht hinreichend, um ihn, als sittliches Wesen,
kennen zu lernen: was sicherlich nothwendig ist, sollen
wir ihn einst zu Tugend und sittlicher Vervollkommnung bilden. Plato giebt uns auch hierzu, wie wir
dieses wahrnehmen konnten, schon einige Anleitung,
sowohl in allem Vorhergehenden, als in jener schönen
Vorstellung des Menschen. Im Menschen, sagt er,
muß der Mensch herrschen, und darunter versteht er
wohl besonders unsere sittliche Natur. Aber bedeutend
tiefer als die Alten, haben die neueren Philosophen,
Hemsterhuis und Kant diese Untersuchung fortgesetzt.
Dazu gehörte auch eine höhere Anlage zur Sittlich-

feit, als die alten Völker befaßen, und kräftig hat
auch der tiefe Sinn und erhabene Geist unserer Religion darauf eingewirkt. Doch sehen wir, was wir
auch in dieser Hinsicht aus den Sprachen, besonders
aus denen der neueren Völker, lernen können.

Die sittliche Natur des Menschen.

Machen wir bei der sittlichen Natur des Menschen damit einen Anfang, daß wir das rein Sinnliche und Vernünftige in ihm durch gegenseitige Vergleichung unterscheiden. Unsere Redensarten geben uns hierzu schon Anleitung. Wir machen, wenn wir Menschen beurtheilen, einen Unterschied zwischen Kopf und Herz. Bei dem Weisen, sagen wir, muß Kopf und Herz wohl übereinstimmen: und darunter verstehen wir seinen Verstand und seine sittliche Anlage. Auf Ersteres, seinen Verstand, ich muß es gestehen, legt man gewöhnlich mehr Werth, als auf seine Sittlichkeit. Ein guter, braver Mann, hört man beständig sagen, doch ist er keiner der Klügsten. So verhält es sich: höhere Bildung gehört dazu, um Rechtschaffenheit höher als Klugheit und Verstand zu achten. Dahingegen hört man aber auch in gebildeten Zirkeln: ein heller Kopf: Schade nur, daß sein Herz nichts taugt! und umgekehrt von Anderen: Sei ihr Kopf auch schwach, ihr Herz ist doch gut. Auch bei der Beurtheilung berühmter Männer und Philosophen, bedienen wir uns in eben demselben Sinne der nämlichen Ausdrücke, so z. B. von Voltaire und Rousseau: Des Ersteren Tugend, sagte einst Jemand,

sei die des Kopfes ohne Herz: des Letzteren hingegen die des Herzens ohne Kopf. Aus diesen
Ausdrücken in unseren Sprachen ersehen wir, wie wir
von selbst jene beiden Naturen im Menschen unterscheiden, und zugleich, wie sehr durch Menschen von Erziehung die sittliche der vernünftigen vorgezogen wird.
Wer würde es wohl wagen, mit dem Wunsche aufzu-
treten, einen hellen Kopf zu haben, wenn auch sein
Herz nichts tauge? Wer würde nach dieser Schilderung
jener beiden Philosophen lieber ein Voltaire als ein
Rousseau sein wollen? Und gewiß verhält es sich so,
wie wir es mit unserem Worte Mensch ausdrücken.
Ohne Sittlichkeit, sagen wir, kann Jemand ein aus-
gezeichneter Kopf, ein großes Genie, oder auch ein
scharfsinniger und fein gebildeter Mann sein; doch ganz
unmöglich ein vortrefflicher Mensch werden.

Und, was hätten wir denn nun insbesondere unserer
sittlichen Natur zu verdanken? Merken wir nur wiederum auf unsere Ausdrücke, wenn wir von einem
kalten Herzen, von einem Herzen, das so hart wie
Stein ist, sprechen. Wir stellen diesem ein warmes,
ein gefühlvolles Herz gegenüber, und schreiben solches Menschen zu, welche, wie wir uns ausdrücken,
menschlich sind und das Wohlsein ihrer Nebenmenschen nicht weniger, als das ihrige zu befördern trachten.
Dies liegt in dem HOMO SUM des Terenz, in dem HU-
MANI nihil a me alienum puto, dessen sich Cicero so oft
und mit tiefem Gefühl dessen, was Menschlichkeit sei,
in seinen Schriften bedient. Doch wir reden nicht nur
von Menschlichkeit, sondern auch noch außerdem, was
bei weitem mehr heißt, von Menschheit, und damit

deuten wir wohl hauptsächlich das Hohe und Vortreff=
liche der menschlichen Natur an. Die Geschichte der
Menschheit, wie man sagt, muß uns, nach der Art
des Ausdruckes selbst, zur Einsicht führen, wie der
Mensch, in der Geschichte des Menschengeschlechtes,
als Mensch zu seiner Reife vorgeschritten sei. Und
wann wir dem nachforschen, betrachten wir dann nicht
vorzüglich seine sittliche Natur? Ich ersuche meine
Leser, auf diese zwei Wörter, Menschlichkeit und
Menschheit, und zwar zuerst besonders auf Mensch=
lichkeit ihre Aufmerksamkeit zu richten. Während wir
den Sinn und die Bedeutung derselben erforschen, wer=
den wir von selbst, wie ich glaube, tief in die sittliche
Welt eindringen. Fragen wir demnach: was ist Mensch=
lichkeit? und dann auch: wie gelangen wir zu dersel=
ben? wie wird der Mensch menschlich?

Alle harten bij zich zelve, sagt unser Sprüchwort:
und dessen bedienen wir uns, wann wir uns selbst und
Andere zur Menschlichkeit aufmuntern. Dieses stimmt
ganz mit der Lehre des Evangeliums überein. »Wie
Ihr wollt, daß euch die Menschen thun sollen,
also thut ihnen gleich auch Ihr.« Beide Aus=
drücke setzen voraus, daß man über sich selbst nach=
gedacht habe und sich in Andere versetzen könne. Hier=
aus erhellet schon von selbst, wie wir zu Menschlichkeit
gelangen. Gewiß nicht durch unser Erkenntnißvermö=
gen: wie brächte uns Kennen und Wissen an und für
sich selbst zu Menschlichkeit? Auch nicht im Allgemei=
nen durch unser Begehrungsvermögen: dieses macht
wohl zuweilen den Menschen, anstatt menschlich, zum
Tiger und Unmenschen. Zu Menschlichkeit gelangen

wir durch das Edelste in unserem Begehrungsvermö=
gen, durch die Liebe. Was wir oben, durch die alten
Fabeln veranlaßt, von der Liebe sagten, erhält hier
erst seine Anwendung: besonders was wir jenem animae dimidium meae des Horaz, wie auch und wohl
vorzüglich unserem wederhelft entnommen haben. Wör=
ter sind es, die das Wesen, das innere Wesen der
Freundschaft und Liebe ausdrücken. Der Mensch — so
wenden wir hier dieses Alles auf seine sittliche Natur
an — der Mensch für sich selbst ist, so lange er sich
nicht mit einem Wesen von gleicher Natur innigst ver=
einigt hat, keines sittlichen Gefühles, geschweige irgend
einer sittlichen Vervollkommnung fähig. Er kennt sich
selbst nicht, wird eigensinnig, selbstsüchtig, hochmüthig,
ungestüm, ja, jenen Ungeheuern gleich, welche in der
Fabel vorkommen, und den Himmel bestürmen; doch
kaum hat er einen Freund oder eine Geliebte gefunden,
so spiegelt er sich an diesem ihm gegenüberstehenden
Wesen, an seinem zweiten Ich, wie er es nennt. So
lernt er sich selbst kennen, sich selbst beobachten: so
lernt er einsehen, was ihm fehlt um gleich gut, gleich
edel, gleich liebenswürdig zu werden, und strebt, um
solches zu werden, sich zu verbessern, zu vervollkommnen.
Doch noch mehr: so erst wird er menschlich, was er
zuvor nicht war, noch sein konnte: denn ohne sich selbst
aus dem Standpunkte eines Anderen zu betrachten,
gelangt man zu keiner Idee von demjenigen, was
Mensch oder Menschlichkeit sei; jetzt aber, mit einem
anderen Wesen gleichsam nur ein Herz und eine Seele,
und gleichsam in demselben und durch dasselbe lebend,
versetzt er sich leicht in jeden Zustand aller Uebrigen

und sucht Jedem zu rathen und zu helfen, ja, zu verbessern und zu vervollkommnen. Ich würde hier noch Manches hinzufügen können; denn ohne Liebe, ohne Gefühl von der Vervollkommnung der Menschen ist es unmöglich, daß der Mensch einsehe, was die Gottheit ist, viel weniger, daß er auf geziemende Art die Gottheit verehre und gottesfürchtig lebe.

Man merkt schon gleich, wie viel erhabener im Menschen seine sittliche, als seine sinnliche wie auch seine vernünftige Natur sei, und welchen Einfluß die Liebe auf unsere Sittlichkeit habe. Doch schreiten wir jetzt zum anderen Worte, welches wir genannt haben: Menschheit. Menschlich ist der Mensch in Beziehung auf seinen Nebenmenschen; Menschheit aber gebrauchen wir im höheren Sinne: wenn wir z. B. von der Behandlung der Sclaven bei den Alten reden. Ihre Philosophen und Gesetzgeber, sagen wir, bezeigten sich hinsichtlich derselben äußerst menschlich, doch ehrten sie die Menschheit in den Sclaven durchaus nicht: sonst hätten sie dieselben, eben so wenig wie wir jetzt, Sclaven bleiben lassen können. Man versteht also darunter noch bestimmter, als unter Menschlichkeit, des Menschen höhere, sittliche Natur, wodurch er sich am höchsten über die Thiere erhebt, und sich der Gottheit am meisten nähert. Wir gebrauchen, bei unsern Gesprächen über all dergleichen Gegenstände, vorzüglich drei Ausdrücke von hoher Bedeutung, welche zur Sittlichkeit des Menschen gehören: sittliche Freiheit, sittliche Selbstständigkeit, und sittliche Vervollkommnung. Erforschen wir der Sinn derselben in den Sprachen selbst: desto besser werden wir einſehen, was man unter Menſchheit verſtehen müſſe, und, was wir, dieſem Worte gemäß, als ſittliche Weſen ſeien.

Ohne Sittlichkeit, können wir im Allgemeinen annehmen, giebt es für den Menſchen keine Freiheit; denn Freiheit iſt eigentlich, wie wir anderswo angewieſen haben, nicht Vermögen oder Recht zu handeln; ſondern, nach dem Ausdrucke aller Sprachen, ein Zuſtand von Freiheit, worin man durch nichts verhindert wird, und demnach frei iſt, um zu leben und zu haudeln, wie es ſich geziemt. Als ſinnliche Weſen ſind wir keiner Freiheit fähig. Nach unſerem Begehrungsvermögen würden wir nach unſerem Gutdünken haudeln, doch da Andere ebenſo haudeln würden, wären wir ihrem Muthwillen und ihrer Unterbrückung ausgeſetzt: ſo daß unſere Freiheit die der wilden Thiere wäre, die über ſchwächere herrſchen, von ſtärkeren aber beherrſcht werden. Nur durch unſere Vernunft, dieſes Vermögen, wodurch wir die Thiere ſo weit übertreffen, gelangen wir zu eigentlicher Freiheit, das heißt, in den Zuſtand der Freiheit. So haben wir Geſetze erhalten, die uns vor der Willkühr Anderer ſchützen und uns in unſeren Staaten ein ruhiges und ſicheres Leben verſchaffen. Um aber von dieſer Freiheit einen rechten Gebrauch zu machen, um nicht nur ungehindert ſeines Weges gehen zu können, ſondern, wie es Menſchen geziemt, wahrlich frei zu leben und zu haudeln, wird ſittliches Vermögen, wodurch wir uns ſelbſt, unſere Begierden und Leidenſchaften beherrſchen, erfordert. Denn wie könnte derjenige wohl frei genannt werden, welcher ſelbſt ein

Sclave seiner Leidenschaften ist? Dieses sittliche Vermögen ist es also, welches uns, in jenem Zustande der
Freiheit, wahrlich und vollkommen frei, und als freie
Menschen, für unsere Thaten verantwortlich macht.
Eben so verhält es sich mit unserer sittlichen Selbstständigkeit. Keine Selbstständigkeit doch, so lange
man sich, wie die Thiere, durch Sinnlichkeit und Begierden hinreißen läßt. Der Vernunft, wie wir sahen, haben wir es besonders zu verdanken, daß wir in jenem
Kampfe die Herrschaft über uns behaupten; doch würde
dazu, wie wir ebenfalls ersahen, die Vernunft ohne
Liebe zum Guten, zur Tugend, welche so innig mit
unserer Sittlichkeit verwandt ist, wenig vermögen: und
wie würden wir, ohne Sittlichkeit, hinreichende Kraft
in uns entwickelen, um in jenem schweren Kampfe nie
zu straucheln, und standhaft, ganz selbstständig auf
dem Wege der Tugend fortzuschreiten? Ferner muß es
uns nicht genügen, nicht zu wanken, nicht zu fallen,
auch nicht, daß wir bei jedem Angriffe, siegreich aus
dem Kampfe kommen: wir müssen uns auch vervollkommnen: und wem anders, als unserer sittlichen
Natur hätten wir dieses wohl zu verdanken? Besonders kommt es hier auf Aehnlichkeit mit der Gottheit
an, und hierbei kann uns die Vernunft behülflich
sein, um das Vollkommene und Göttliche vom Unvoll-
kommenen und 'Menschlichen zu unterscheiden; wie
aber würden wir ohne sittliche Anlage, ohne sittliche
Freiheit, ohne sittliche Selbstständigkeit, nach
jener hohen sittlichen Vervollkommnung, nach
Heiligkeit, streben können? Wir ersehen demnach aus
diesen Wörtern und deren Bedeutung, was unser

Menschheit nicht Alles in sich fasse, und wie erhaben der Mensch als sittliches Wesen sei.

So reden wir aber auch von der sittlichen Welt. Dort ist es, sagen wir, wo sich der Mensch erst als Mensch, als sittlich freies, als sittlich selbstständiges Wesen fühlt und sich der Aehnlichkeit mit der Gottheit näheren kann. Und auch dieses wird uns recht begreiflich, wenn wir jene Welt mit dem, was wir sinnliche und denkbare Welt nennen, vergleichen. Das Sinnliche sowohl, als das Sichtbare, dem wir das Denkbare entgegensetzen, ist seiner Art nach beschränkt, und macht uns von Menschen und Sachen, auch von uns selbst und unseren verkehrten Neigungen abhängig: und der Verstand kann es nicht weiter bringen, als uns davon, so viel als möglich, unabhängig zu machen; doch ganz anders verhält es sich mit uns hinsichtlich dessen, was wir die sittliche Welt nennen. Wir deuten damit auf unser inneres Leben hin, welches von der Außenwelt gänzlich geschieden, außer der Gewalt der Menschen ist. Kein Tyrann, wie er auch wüthen möge, kann dessen Ruhe und Glück zerstören, und je mehr wir uns von der Herrschaft unserer eigenen Begierden und Leidenschaften befreien, desto leichter und sichrer schreiten wir stufenweise bis zur höchsten sittlichen Vollkommenheit vor. Denn, wie wir bei diesem inneren Leben in unserem Innersten die Gottheit gewahren, und unserem Verstande als das höchste und heiligste Wesen vorstellen, so dient uns eben jenes Wesen auch zum hohen Vorbilde für unsere Selbstveredlung und Selbstvervollkommnung. Eine solche Welt nun ist es, in welche

uns unser sittlicher Sinn versetzt, eine unendliche Welt,
so unendlich, wie unsere Verlangen und Begierden unendlich sind, und weil es die Liebe ist, durch welche
der Mensch darin lebt, so fühlt er sich auch daselbst
zu unendlich höherem Glücke gelanget, als ihm weder
Sinnlichkeit noch Verstand darbieten können. Und,
meine Leser! geben wir dieses und Aehnliches nicht mit
unserem Menschheit im höheren Sinne des Wortes,
zu kennen, so oft wir vom Ehren, Huldigen, Verehren der Menschheit in Menschen und Sclaven
reden? und drückt dieses Wort daun auch nicht vorzüglich die hohe Würde des Menschen, als sittliches
Wesen, aus? Die Griechen besitzen ein solches Wort
nicht, wie viel Edeles auch in ihrem φιλανθρωπία enthalten: auch bezeichnet das humanitas der Lateiner
nicht viel mehr, als Menschlichkeit; was aber Plato
in jener Vorstellung der menschlichen Natur zu zeigen
trachtete, als er im Menschen den Menschen leben
und die Oberherrschaft führen ließ, das ist es, dünkt
mich, was wir mit Menschheit ausdrücken.

Das Herz, viel mehr als der Kopf, macht uns
zu Menschen: obschon Beide bei uns genau übereinstimmen müssen. Ist es die Liebe, die unseren sittlichen Sinn erregt, und die Vernunft, das höchste unserer Seelenvermögen, welche jenen leufen muß: merken wir hier weiter auf, wie derselbe sittliche Sinn
auch gegenseitig, sowohl die Liebe veredelt, als auch
der Vernunft hohes Ansehen verleiht. Die Liebe, sagten wir oben, ist das Leben unseres Lebens; dieses

jedoch würde sie ohne unsere sittliche Natur nicht sein.
Ist sie von Sittlichkeit getrennt, so daß sie ganz sinn=
lich wird, was ist sie dann viel mehr, als wilder Trieb,
der sowohl den Thieren, als dem Menschen, eigen ist?
Dann heißt sie anch, wie sie die Griechen nannten,
ἔρως πάνδημος, gemeine Liebe; doch erst dann wird
sie Liebe im höheren Sinne, ἔρως οὐράνιος, die himm=
lische, wenn sie nicht länger sinnlich ist, sondern ganz
sittlich geworden. Und was nun unsere Vernunft
betrifft, die durch Scheiden und Verbinden, durch
Urtheilen und Begreifen wirkt, und so in der denkbaren
Welt zu Sachkenntniß und Wahrheit gelangt: sehet
hier nun, wie in der sittlichen Welt, durch eben je=
nen sittlichen Sinn, ihre Macht wächst. Sie nimmt
dort gleichsam einen anderen Charakter an, als wel=
cher ihr in der Sinnen= und denkbaren Welt eigen ist.
In dieser genügt es ihr, durch Ueberlegen zu Urtheil
und Kenntniß zu gelangen; dort aber, in der sittlichen
Welt scheint sie sich der Orakelsprache zu bedienen.
Wir haudeln ja daselbst, wie wir uns ausdrücken,
nach de inspraak van ons hart (¹), gleichsam durch
Eingebung, Inspiration. Denn wie machen wir es
gewöhnlich? Will Jemand in Abrede stellen, was wir,
unserem Verstande gemäß, für Wahrheit halten, wer=
den wir ihn durch Ueberredung dahin zu bringen
suchen, daß er unserer Meinung beipflichte: und, ge=
lingt dieses nicht, lassen wir uns hingegen unsererseits
durch einen Anderen überreden, so pflichten wir ihm
bei und werden seiner Meinung. Doch bei demjenigen,

(¹) Nach Eingebung unseres Herzens.

was wir in der sittlichen Welt für Wahrheit halten,
hinsichtlich dessen was sittlich gut oder böse, Recht
oder Unrecht ist, werden wir nicht so gemäßigt sein.
Dann entrüsten wir uns über solchen Leichtsinn und
Uebermuth, und wir schweigen lieber, als daß wir
solche Behauptungen sollten zu widerlegen suchen. Sokrates wollte sogar nichts davon wissen, wenn Einer
etwas für nützlich hielt, was nicht zugleich recht war,
ja, einen solchen Menschen, wie er sagte, verabscheute
er. Deßhalb nennen wir durchgängig die Vernunft,
wenn sie nach Eingebung des Herzens urtheilt,
die praktische, im Gegensatze der theoretischen oder
reinen Vernunft, wenn sie nur durch Scheiden und
Verbinden zu Wahrheit zu gelangen sucht: und dem
zufolge unterscheiden die Franzosen sehr richtig opi-
nions von sentiments, wie auch wir wohl, der Natur
unserer Sprache gemäß, zwischen meeningen und ge-
voelens einen Unterschied machen könnten: wobei sich
jenes auf unseren Verstand, dieses auf unser sittliches
Gefühl bezöge.

So nun nimmt unsere Vernunft in der sittlichen
Welt einen eigenthümlichen Charakter an: und hier
vielleicht wendet Jemand dasjenige auf sie an, was
Plato von unserem θυμός, jenem Naturvermögen des
Menschen, welches unserer Vernunft Stärke verleihen
muß, geäußert hat. Man gebrauche hierbei jedoch
die äußerste Vorsicht. Jener Naturtrieb beim Plato
ist an und für sich selbst nicht sittlich: er findet sowohl bei Thieren, als bei Menschen Statt. Unvermögend ist er, der Vernunft einen gebieterischen Ton und
höhere, unendlich höhere Kraft zu verleihen. Unserer

sittlichen Natur, wodurch wir hauptsächtlich Men=
schen sind, haben wir dieses einzig und allein zuzu=
schreiben. Nichts desto weniger aber können wir auch
hier wohl auf jenes Vermögen des Menschen achten.
Bei Plato heißt es: der Mensch, der da im Men=
schen ist, bedient sich des Löwen, jenes Löwen voll
Feuer, Muth und Kraft, um das Ungeheuer, welches
ihn ganz entkräften will, zu zähmen und zu über=
wältigen. Und, wie mich dünkt, ist dieses wohl die
richtige Vorstellung von der Sache. Eifer und Muth
ist etwas Gutes im Menschen: ohne diese giebt es keine
Heldenthaten bei den Völkern: eben so Zorn. Und
er entbrannte in Zorn, finden wir vom Vollkom=
mensten der Menschen aufgezeichnet. Man verstehet
darunter Entrüstung, innerliche Entrüstung, wenn man
unedle Handlungen sieht, oder die menschliche Bosheit
durch Erfahrung kennen lernt. Man kann hiervon
einen Mißbrauch machen, wie leidenschaftliche Men=
schen, die bei ihrem Handeln der Vernunft kein Gehör
geben: man kann dadurch sogar ins Verderben ge=
stürzt werden, wie solches bei denjenigen Statt findet,
welche, indem sie ihrer Vernunft nicht gehorchen wol=
len, mit Hitze, mit all ihrer natürlichen Hitze dem
Bösen nachjagen und ihre Begierden und Leidenschaften
dadurch verstärken. Der Mensch aber, welcher sittlich
gut ist, der vermittelst seiner vernünftigen Natur nach
dem sittlich Guten strebet und es beim menschlichen
Geschlechte zu handhaben und zu befördern sucht, wer
möchte es leugnen, daß er jenes innere Vermögen, es
zeige sich als Eifer, als Zorn oder als Muth, auf
eine seiner würdige Weise an den Tag legen werde? "

Es ist das Naturvermögen alles dessen, was lebt, je=
doch der geringeren oder größern Anlage nach sehr ver=
schieden hervortritt. So müssen wir also dem θυμὸς
des Plato nicht zu viel zuschreiben, doch auch ander=
seits dasjenige, was es wirklich anweiset und zu wel=
chen Wahrnehmungen es uns führen kann, nicht ver=
kennen. Es ist innigst im Menschen mit seiner sittli=
chen Anlage verwandt. — Doch ich kehre zur sittlichen
Welt zurück. Hier scheint die Vernunft nicht nur
ihren Charakter zu veränderen, und, wie Kant sagt,
einen gebietenden Ton anzunehmen, sondern auch die
Wahrheit, wozu uns die Vernunft führt, scheint, so
zu sagen, eine ganz andere Wahrheit zu sein.

Wenn wir mit Plato von der Wahrheit sagen, daß
wir sie lieben, Alles, um sie zu schauen, aufopfern
wollen, so verstehen wir darunter, wie wir es nennen,
theoretische Wahrheit; aber es giebt auch eine dieser
entgegengesetzte praktische, oder vielmehr sittliche
Wahrheit, welche mit der Eingebung unseres Herzens
übereinstimmt: und diese ist es, welche wir nicht nur
kennen zu lernen suchen, sondern welcher wir wie einer
heiligen Sache in der That vorstehen, die wir verthei=
digen, ja nicht eher ruhen, bis wir ihr den Sieg ver=
schafft haben. Diese besonders ist es, welche wir mei=
nen, so oft wir von Wahrheitsliebe, vom Ster=
ben für die Wahrheit, wie der Freund für seinen
Freund, der Liebhaber für seine Geliebte sterben will,
sprechen. Denn nicht, weil man etwas sicher zu wis=
sen, ja es mathematisch beweisen zu können glaubt,
giebt man dafür sein Leben hin. Sehen wir es an
Galileo. Seine ganze Geschichte ist hinreichend be=

kannt; doch ist es wichtig, solche aus diesem Gesichtspunkte zu betrachten. Wenn jemals irgend Einer,
so war Galileo davon überzeugt, daß die Sonne im
Mittelpunkte unseres Planetensystems stehe, und sich
die Erde um dieselbe bewege. Schon vor einem Jahrhunderte hatte Copernicus dieses bekannt gemacht und
seitdem war es durch die Entdeckungen und Berech-
nungen Tycho Brahe's, Kepler's, auch. Galileos selbst
bestätigt worden. Er hielt dieses folglich für Wahrheit, unwidersprechliche Wahrheit, und dennoch wollte
er sein Leben nicht dafür aufopfern. Seine Lehre
wurde, als eine der Kirche widerstreitende, verdammt,
und er selbst zum Kerker der Inquisition verurtheilt,
wofern er dieselbe nicht aufrichtig und feierlich ab-
schwöre. Und was that er? Er unterzeichnete die
Abschwörung, so erniedrigend für ihn selbst, als der
Philosophie und der Wissenschaften unwürdig. In
einem Alter von siebzig Jahren legte dieser Patri-
arch der Wissenschaften, wie ihn neulich Brewster
nannte ([1]), mit gebogenen Knien und der Rechten auf
dem heiligen Evangelium, sein Glaubensbekenntniß in
allen Lehrsätzen der römisch-katholischen Kirche ab, und
verwarf darauf seine eigene Lehre hinsichtlich der Be-
wegung der Erde und des Stillstandes der Sonne, als
falsch und ketzerisch. So schwor er ab, jener Greis!
aber nicht so Sokrates, nicht so Luther, nicht so alle
diejenigen, welche für die Sache der Gerechtigkeit,
der Tugend, der Gottesfurcht eiferten. Mit Muth,
mit Löwenmuth vertheidigten sie die Wahrheit und

([1]) Life of Isaac Newton, p. 391.

gaben für dieselbe ihr Leben hin. Dies, meine Leser! ist, nach dem Ausdrucke aller Sprachen, der Unterschied zwischen Kopf und Herz.

Wie viel tiefer treten wir nicht, indem wir so fortschreiten, in das Reich der Wahrheit ein, als, da wir nur über unser Erkenntnißvermögen handelten! Wir fragten damals nur: Was ist Wahrheit? und richtig sagen wir, es sei dasjenige, was nicht scheine, sondern sei, und daß wir durch unser Urtheilskraft, diese göttliche Gabe, um Alles so zu sehen, wie es ist, Schein von Wesen trennen müssen. Hier aber ist es uns um etwas mehr, als um den bloßen Begriff des Wahren, zu thun: wir fragen hier, merken wir wohl! nach der Wahrheit, und verstehen darunter nicht, was wir in der sichtbaren und denkbaren Welt hinsichtlich derselben sehen oder erfahren, sondern dasjenige, was uns eine Stimme in unserem Inneren, wie wir dieses zu nennen pflegen, für Wahrheit zu halten befiehlt. Bei Allem, was sich rein auf den Verstand bezieht, lassen wir uns nicht nur, wie gesagt, durch einen Anderen überreden, sondern gestehen selbst einem Jeden gerne zu, daß er fühle und denke wie es ihm gefällt. Suum cuique pulcrum est, sagen wir: on ne peut disputer des goûts. Das ist Geschmacksache. Doch so oft der Sittlichkeit Erwähnung geschieht, und es Jemand wagt, sich über Tugend und Recht, als gleichgültige Gegenstände, zu äußern, so ist es wirklich, als ob sich die Stimme in unserem Inneren, welche uns die Wahrheit zu vertheidigen befiehlt, hören läßt. Und all dieses ist durchaus

unabhängig von Gaben und Geistesvermögen, wodurch
wir in der menschlichen Gesellschaft glänzen. Bei un-
gebildeten Menschen, ja sogar bei Kindern, offenbart
sich diese hohe sittliche Anlage gewöhnlich noch deutlicher, als bei vielen der berühmtesten Philosophen und
Gelehrten. Sie gehört fürwahr weder zu Gaben noch
zu Geistesvermögen, sondern ganz zur Natur zur in-
nerlijke geaardheid ([1]) des Menschen. Solches erhellt
aus unserem Entarten, Ausarten, welches wir nicht
von Menschen sagen, denen Geschmack für Kunst oder
Urtheil und Begriff in den Wissenschaften fehlt, sondern nur von denjenigen, denen ganz und gar sittliches Gefühl und Begriff sittlicher Wahrheit mangelt.
Diese sind es, welche wir entartete Wesen, Miß-
geschöpfe in der Menschenwelt nennen. Und daher
rührt unser Abscheu vor manchen unserer Naturgenossen.
Wir können mit wenig begabten und zur Noth mit
dummen Menschen Umgang pflegen; doch hat Jemand
kein Gefühl von dem, was gut oder böse, Recht oder
Unrecht ist, oder, ist er so entartet, daß er jene Stimme
in seinem Innern gänzlich zum Schweigen gebracht hat,
und jetzt denn auch, anstatt die Wahrheit zu lieben,
in der Kunst zu lügen, zu betrügen, sich zu verstellen,
zu heucheln und dergleichen mehr, ein Meister geworden — sei er auch noch so begabt, noch so klug, noch
so sehr in Künsten und Wissenschaften erfahren und
ausgezeichnet, wir hegen einen Abscheu vor ihm.

Treten wir aber so, bei Erforschung der sittlichen
Natur des Menschen, immer tiefer und tiefer in das

([1]) Naturell, natürliche Beschaffenheit.

Reich der Wahrheit ein, desto mehr, deucht mich, sehen wir auch zugleich, wie der Mensch sich selbst durch jene höhere Natur zur Tugend und sittlichen Vervollkommnung ausbilden könne. Unsere Ausdrücke, sich bilden, sich verbessern, sich vervollkommnen, gebrauchen wir doch hauptsächlich im sittlichen Sinne, und wer fühlt es nicht, wie sehr uns jene Stimme in unserem Innern dazu antreibt. Merken wir hier aber noch auf etwas Anderes. Werden wir auf diese Weise zum Guten angetrieben, so giebt es in uns außerdem etwas, das uns vom Bösen abhält und im Guten bestärkt: ich meine den Richter in unserem Innern: das Gewissen. Es ist eigentlich nichts Anderes, als unser Selbstbewußtsein gut oder böse gehandelt zu haben: in welchem Sinne das Lateinische conscientia gebraucht wird: und so heißt es ein gutes Gewissen, ein reines Gewissen, ein ruhiges Gewissen: mens sibi conscia recti: und hingegen auch ein böses, ein beängstigendes, ein nagendes, folterndes Gewissen, wohin die Fabeln des Alterthums gehören, in denen jenes Selbstbewußtsein des Bösen Menschen in Wuth und Raserei setzt, daß sie gleichsam von den Furien verfolgt werden: furiis agitatus Orestes. Was uns aber hier, bei Untersuchung der sittlichen Natur des Menschen, besonders wichtig ist: in den Sprachen kommt das Gewissen als ein Wächter in unserem Inneren vor. Wir sagen von demselben: das Gewissen in Schlaf wiegen, das Gewissen einschläfern, doch auch: das Gewissen erwacht, es regt sich: und sagt man dieses nicht so, als ob sich der Mensch davor fürchtet und es wirklich für einen Wäch-

ter in sich hält, welcher über seine Thaten die Aufsicht
führt? Aber noch mehr: wir halten anch das Gewissen,
wie ich solches schon berührte, für einen Richter in
unserem Inneren. Es klagt uns an, sagen wir, es
spricht uns frei; es verurtheilt uns. So findet
sich in unserer sittlichen Natur gleichsam ein Richter-
stuhl, vor welchen wir uns selbst laden, uns selbst be-
schuldigen, uns selbst verurtheilen, oder uns selbst auch
gleichfalls freisprechen. Dasselbe Gewissen aber, wodurch wir dergestalt in unserem Innern über uns selbst
Urtheil fällen, ist, wie jeder Richter sein muß, frei,
und treibt uns an unsere Freiheit in der sittlichen Welt
kräftig zu behaupten. Hic murus aheneus esto, nil
conscire sibi, nulla pallescere culpa. Ist dasselbe
rein, und gebraucht ein Richter außer uns Gewalt,
uns zum Geständnisse zu zwingen, daß wir schuldig
sind, so nennen wir dieses Gewissenszwang, wor-
unter wir das Allerschlimmste verstehen, was einem ·
Menschen von seinen Mitmenschen zugefügt werden
kann. Und wem solches wiederfährt, sehet! wozu dieser sich dann nicht im Staube fühlt? Er will lieber
sterben, als leben, und frohlockend besteigt er, um
sittlich frei zu bleiben, den Scheiterhaufen: wovon die
Inquisition, von Allem was je bei dem Menschengeschlechte ins Leben trat in unseren Augen das Verab-
scheuungswürdigste, so manches Beispiel geliefert hat.
Leser! hatte ich nicht Recht, als ich oben erwähnte:
das Herz mache uns zu Menschen, viel mehr als der
Kopf? Galileo — ich zweifle keinesweges daran — hätte
es sich um Sittlichkeit gehandelt, würde wohl nicht so
leicht seine Meinungen abgeschworen haben.

Des Menschen
vernünftige und sittliche Vervollkommnung.

————

Ift der Mensch, als sittliches Wesen betrachtet, so beschaffen, von wie großer Wichtigkeit ist es also nicht, ihn, auf paffende Art, sittlich zu bilden: womit man, schon von seiner zartesten Jugend an, einen Aufang machen muß. Doch auch hierzu, und überhaupt zu seiner vernünftigen und sittlichen Vervollkommnung kann man nicht genug aus den Sprachen, als den echten Hülfsquellen für Erziehung, schöpfen.

Plato ergötzt sich mehrmals in seinen Schriften an der Verwandtschaft der Wörter παιδία und παιδεία. Kein Zwang, sagt er, bei der Kinder-Erziehung: was durch Zwang hinein gekommen, hält darin keinen Stand: besonders nicht beim Unterrichte. Spielend sollen sie lernen, wie es unser παιδία und παιδεία andeutet. Wir können hierauf den Vers anwenden, welchen wir als Kinder auswendig lernten:

Mein Spielen ist Lernen, mein Lernen ist Spielen.

Aber auch bei der sittlichen Bildung und Erziehung des Menschen mögen wir hierauf wohl bedacht sein. Diese zarten Pflanzen, sagt man, muß man mit vieler Sorgfalt pflegen, und besonders nicht hart behandeln.

Sie sind noch so zart: und so kann man sie leicht, wie man will, ziehen; gebraucht man jedoch Gewalt, so wird aus ihnen nichts Gutes. Aus diesen Ausdrücken schließen wir alsbald, daß es etwas ganz Anderes sei, den Menschen sittlich zu bilden, als seinem Verstande durch Unterricht und Erziehung Sachkenntnisse, und richtiges Urtheil zu verschaffen. Letzteres muß auch von Ersterem die Fortsetzung sein. Um so mehr aber wird es uns auch deutlich, von welcher Wichtigkeit es sei, mit der sittlichen Bildung einen richtigen Anfang zu machen. Hat man darin gefehlt, was doch wird dann aller Unterricht, wie vortrefflich auch, dazu nützen, das Kind zu einem guten Menschen zu machen? Die Sprachen enthalten eine Menge Wörter und Ausdrücke, um uns hierin richtig weiter zu führen. Ich werde meine Leser auf einige derselben, welche uns bei der Erziehung überhaupt wohl am meisten nützlich werden können, aufmerksam machen.

Für das Herz, nicht für den Kopf allein, ist die sittliche Erziehung des Menschen geschickt: und so heißt sie auch recht eigentlich Bildung. Von Kindheit an, sagt man, muß man das Herz der Jugend zum Guten und Schönen bilden: und was dieses bedeute, können wir wohl aus den sich darauf beziehenden Ausdrücken, wie aus unserem Eindrücke empfangen, Einprägen, Einschärfen, Charakter, und endlich aus unserem Einpflanzen herleiten. Wenn das Gemüth der Kinder noch zart ist, sagt Plato, empfängt es von demjenigen, was schön oder häßlich, gut oder böse, Recht oder Unrecht ist, leichter Eindrücke, und je tiefer diese Eindrücke sind, desto weniger

verlöschen sie, desto länger dauern sie fürs Leben fort ([1]).
Er nennt dieselben irgendwo ἐγκαύματα, so unauslösch-
lich, daß sie dem Gemüthe gleichsam eingebrannt
scheinen ([2]).   In einer anderen Stelle kommen sie bei
ihm als Bilder vor, welche mit einem Stempel in dem
Herzen abgedrückt werden ([3]).   Eben dieses denken wir
mit unserem einfachen Einprägen an.   Wir sagen in
dem Sinne: Lehren der Tugend und guten Sit-
ten einprägen: und, da sie tiefen, scharfen Eindruck
machen sollen, gebrauchen wir dafür einschärfen.
Aus diesen gewöhnlichen Redensarten können wir dasjenige ableiten, was wir in einem so erhabenen Sinne
gebrauchen: das Bild des Guten in sich tragen.
Die Christen heißen bei den griechischen Kirchenvätern:
ἀγαλματοφόροι τοῦ Θεοῦ.   Dieses Alles liegt in unserem
Eindrücke empfangen, Einprägen, Einschär-
fen und daher Charakter, nach der ursprünglichen
Bedeutung dieses Wortes.   Doch kein Wunder: der
sittliche Unterricht ist Bildung des Herzens, nicht bloße
Aufklärung des Verstandes.   Bei Letzterem muß der
Lehrer den Zögling Schein von Wesen unterscheiden,
vom Bekannten zum Unbekannten aufsteigen lassen, und
all dieses durch Weisen, Unterweisen; doch hier, wo es
auf Sittlichkeit ankommt, muß des Lehrers Herz gleichsam unmittelbar auf das Herz und Gemüth des Zög-
lings wirken, unmittelbar müssen seine Lehren, seine
Ermahnungen, seine Aeußerungen darauf Eindruck machen und hängt die Frucht des Unterrichtes für den

---

([1]) De Rep. II. 377. B.   ([2]) Tim. 26. C.
([3]) Theaet. 191. D. 194. D.

Verstand vom Gedächtnisse ab, hier, wo das Herz zum Herzen spricht, empfängt man in seinem Inneren Eindrücke, erhält man Abbilder des Wahren und Guten, welche uns überall begleiten und bis in den Tod verbleiben. Was lernt man doch nicht Alles aus den Sprachen, um von seiner sittlichen Bildung richtige und vollständige Begriffe zu erlangen! Doch merken wir auch auf unser Einpflanzen. Lehren, sagen wir, des Wahren und Guten der Jugend einpflanzen: und, wünscht Ihr, meine Leser! ganz und gar kennen zu lernen, was in diesen Ausdrücken enthalten sei, denket dann an das Schreiben in die Herzen der Menschen, welches Sokrates in Plato's Phaedrus für die einzig wahre Methode des Unterrichtes, besonders des sittlichen Unterrichtes hält. Der Same, sagt er, welchen man durch solchen mündlichen Vortrag in die Herzen der Menschen ausstreut, keimt daselbst auf und bringt Früchte, wovon man sich vorher keine Vorstellung machen konnte. Welcher Unterschied zwischen der sittlichen Bildung des Herzens und jenem Unterricht, jener Erziehung für den Verstand! Diese läßt uns die Wahrheit schauen; jene aber, die sittliche Bildung, läßt uns das Bild der Wahrheit, die Wahrheit selbst in unserem Innern entdecken. Diese Bildung meine Leser! ist sie nicht vollkommen des menschlichen Wesens würdig, eines Wesens, welches mit so vollem Rechte durch Plato φυτὸν οὐράνιον, eine Pflanze himmlischen Ursprungs genannt wird([1])?

Dieses nun bezog sich auf die Kindheit, die zarte

([1]) Tim. 90. A.

Kindheit des Menschen. Wünschet Ihr auch für die Bildung des Knaben einige Grundzüge aus den Sprachen, merket dann auf andere Ausdrücke, wie auf das réfléchir und faire réfléchir der Franzosen, auf unser tot inkeer doen komen (¹), besonders auf das Lateinische imbuere und unser doortrokken doen worden (²), und endlich auf unser opkweeken (³). In diesem réfléchir, réflexion, faire réfléchir finden wir die Methode des Sokrates: den Menschen, von Jugend auf, zum Nachdenken über sich selbst zu führen. Es ist vom Lichte, welches zurückstrahlt, hergenommen, und auf die Seele übergetragen, bezeichnet es, nach Condillac: le don de l'ame de se replier sur ses idées, les examiner (⁴). Welche Wirkung dieses auf den sittlichen Menschen habe, sah Mad. de Stael sehr wohl ein. Pour *affranchir* l'homme, sagt sie, il faut le mettre sur le chemin de la réflexion (⁵). Und dieses in der That bewirkte Sokrates mit dieser herrlichen Methode bei einem Phaedrus, einem Theatetus und so vielen anderen Jüuglingen, welche durch sein Fragen, fortwährendes Ausforschen, zur Einsicht der Verkehrtheit ihrer Meinungen gelangen, und zugleich auf ihre eigene Verkehrtheit, Eitelkeit, Aufgeblasenheit, Thorheit reflectirten. Wenn irgend Etwas, war dieses gewiß das passende Mittel, um die Jugend von Vorurtheilen, und auch von wirklichen, besonders sitt=

(¹) Machen, daß Einer in sich gehe.
(²) Einen von Etwas durchdrungen werden lassen.
(³) S. p. 122, 23.   (⁴) S. Boiste Reflexion.
(⁵) Boiste l. l.

lichen Fehlern zu befreien. Wie sehr findet man aber
dieses nicht ebenfalls in unserem tot inkeer doen
komen, dessen ich schon oben erwähnte, als ich vom
Zorn und der Entrüstung des Menschen über sein frü-
heres Betragen sprach! Dies ist es wohl insbesondere,
was dem Erzieher, welcher den Knaben zum Guten
anzuleiten sucht, eigen ist. Er macht, daß er in sich
gehe, das Seelenauge auf sich selbst richte, wie er bis
jetzt nur um sich auf Andere geschaut hatte: und daher
jene Unzufriedenheit mit sich selbst und zugleich jenes
Verlangen nach sittlicher Verbesserung, welches Sokrates durch jenes in sich Gehen bei der Jugend so oft
bewirkte. Bei alledem kommt es jedoch vorzüglich
darauf an, daß das Gemüth der Jugend, wie wir
zu sagen pflegen, von den Principien des Guten und
Wahren durchdrungen werde. Dieses Durchdrungen werden, erinnert uns unserem Sprachgebrauche
gemäß, an das Bild, dessen sich die alten Pythagoräer und nach ihrem Beispiele Plato und so viele
andere unter den Alten bei der sittlichen Erziehung
bedienten. Das jugendliche Gemüth, sagten sie, muß
wie die Wolle, der man eine bleibende, unauslöschliche
Farbe geben will, vorher von allen Vorurtheilen, schie-
fen Ansichten, besonders von Hochmuth und eitelem
Wahn gereinigt werden: dann lasse man dasselbe von
Lehren der Weisheit und Tugend ganz und gar, und
durch und durch durchdrungen werden. Dermaßen
bleiben solche unvertilgbar in demselben. So nun kweekt
man, wie ich eben sagte, die Jugend op: ein Ausdruck,
der durchaus vom Pflegen der Pflanzen und Bäume
auf die Bildung junger Menschen übergetragen ist.

Deßhalb werden die Erziehungsanstalten der Jugend kweekscholen für Weisheit und Tugend genannt. Alles, was der Verfasser des Theages und in vielen Stellen Plato aus jener Vergleichung der Jugend mit Sprößlingen und Pflanzen schöpfen, um dadurch von der Erziehung und Bildung des Menschen ein dentliches Bild zu entwerfen, drücken wir von selbst mit diesem unseren Worte opkweeken, mit unserem opkweeking (¹) kweekschool, kweekeling (²) und ähnlichen aus. Ein herrliches Bild fürwahr, und zwar nicht nur für die Erziehung der Jugend, sondern auch, um uns die sittliche Festigkeit des Menschen, welche daraus folgen muß, auf eine anschauliche Weise begreiflich zu machen. So doch wird aus dem zarten Sprößlinge, der üppigen Pflanze ein Baum, eine Eiche, welche einmal unerschütterlich fest steht und in Orkanen ausdauert.

Et quantum vertice ad auras
Aethereas, tantum radice ad tartara tendit.

Dies sind insgesammt Wahrnehmungen, auf welche uns die Sprachen führen, um sowohl die sittliche Bildung des Menschen als dessen Verstandes-Erziehung zu ergründen. Seid Ihr, meine Leser! Willens, einmal über Erziehung zu schreiben, und besonders, selbst Eure eigenen oder Anderer Kinder zu erziehen, richtet dann, auf diese Hauptzüge, wie sie sich in den Sprachen vorfinden, Eure ganze Aufmerksamkeit. Sie sind, glaubt mir, ganz und gar der Natur entnommen.

(¹) Erziehung.   (²) Zögling.

So bildet man den Menschen, oder läßt ihn viel=
mehr sich selbst, vermittelst seiner höheren, seiner sitt=
lichen Natur, zur sittlichen Vollkommenheit bilden.
Kopf und Herz aber müssen bei ihm, nach dem
Ausdrucke der Sprachen, übereinstimmen, wenn
er in Wahrheit zu Tugend gelangen soll; denn sehen
wir nur, was, nach der Bedeutung des Wortes, Tu=
gend sei. Es zeigt inneren Werth und Dauerhaftigkeit
an. Von Holz oder Stein gebraucht, drückt es inner=
liche Festigkeit aus. Besitzt irgend Etwas diese nicht,
so sagen wir von demselben: es taugt nicht. Im
sittlichen Sinne bezeichnet es also sittliche Festig=
keit: und dazu gehört sowohl Verstand, als Trieb
zum Guten. Verstand deutet ja auch, der Grund=
bedeutung des Wortes gemäß, Festigkeit an, da es
von stehen, wie das Griechische ἐπιστήμη von ἱστάναι
abstammt. Ein Mensch ohne Herz kann, wie wir zu
sagen pflegen, nicht in Wahrheit Mensch heißen; in=
dem wir aber dieses äußern, setzen wir zugleich voraus,
daß mit dem Herzen der Kopf, der Verstand, die
Vernunft, und diese zwar als theoretisches Vermögen,
übereinstimme. Findet dieses nicht Statt, übt die
Vernunft über den Menschen keine Herrschaft aus, so
zeigen uns die Sprachen, welche Folgen daraus ent=
stehen. Mit geestdrift ([1]) haudeln wir, so oft wir
der inspraak, der Eingebung unseres Herzens folgend
nach dem Guten streben; bleibt es jedoch bei dieser
Eingebung, kommt das Urtheil der kalten Vernunft
nicht hinzu, gar leicht wird dann jene geestdrift,

([1]) Begeisterung.

nach der richtigen Unterscheidung unserer Sprache, zur geestdrijverij (¹). Wir billigen es und zollen ihm selbst Beifall, wenn einer mit Stolz, mit kühnem, edlem Stolz, lebt und handelt, und in seinem Herzen, mit Vondel, sagt:

Ich will mit edlem Stolz der Tugend Pfad betreten.

Unterscheidet er aber nicht, wie unsere Sprache, trots (²) von trotschheid (³), oder ist vielmehr sein Stolz, wie die Begeisterung Anderer, nicht seiner Vernunft unterworfen, so nennen wir ihn einen trotzigen Menschen, das heißt, einen eitelen, hochmüthigen Thoren. Doch überhaupt, wie gebieterisch für uns auch jene Stimme in unserem Inneren, jene Eingebung unseres Gewissens ist, ein Vermögen muß in uns sein, welches beurtheilt, ob jene Stimme, jene Eingebung, wahr oder falsch, gut oder böse, Recht oder Unrecht sei. Ohne dieses sind wir keine vernünftigen Wesen, und daher rührt so viel vermeintliche Tugend und Heiligkeit unter den Menschen, weil sie so häufig die Macht, die Oberherrschaft der Vernunft nicht anerkennen.

Es ist eine schöne Idee der Alten und liegt ganz in unseren Sprachen, daß der Mensch mit sich selbst übereinstimmen müße. Alle seine Seelenfähigkeiten, sagten die Griechen, müssen wie die Saiten der Leier mit einander, in Accord, in Harmonie sein, wenn Jemand so wohl sittlich, als vernünftig, gut und

---

(¹) Schwärmerei, Fanatismus.
(²) Stolz.   (³) Hochmuth.

vollkommen sein soll. Wie ihn aber die Vernunft mit
ihrer Kraft leiten muß, so muß seine Kraft, seine
höchste innere Kraft in seiner sittlichen Natur liegen.
Wir reden sowohl von einer gesunden Seele, als
von einem gesunden Körper. Verstehen wir darunter
nur einen hellen Kopf und gute Geistesvermögen? Eben
so wenig, glaube ich, als wir Schönheit des Gesich-
tes und Anmuth in der Haltung beabsichtigen, wenn
wir der Gesundheit des Körpers Erwähnung thun.
Wir verstehen darunter etwas Anderes. Gewiß wird
wohl in dieser Uebereinstimmung aller unserer Seelenfähigkeiten und deren gegenseitiger Mitwirkung, besonders in jener sittlichen Kraft, diesem göttlichen Vermögen in uns, dasjenige liegen, was wir verlangen, wenn
wir eine gesunde Seele in einem gesunden Körper zu
haben wünschen. Dadurch glänzen wir nicht, eben so
wenig, als wir durch Gesundheit des Körpers in den
Augen der Menschen glänzen; doch, was uns tausend-
mal wünschenswerther ist, dadurch werden wir innerlich
gut, zur Erfüllung unserer Pflichten geschickt und können wir unserer hohen Bestimmung, als sittliche Wesen,
ganz entsprechen. Aus all jenen Redensarten und Ausdrücken wird es uns, dünkt mich, deutlich, was wir
unter der vernünftigen sowohl, als sittlichen Vervollkommnung des Menschen zu verstehen haben.

————

Und so denn hätten wir, meine Leser! unsere Aufgabe der Hauptsache nach gelöst, um aus den Sprachen unsere Sittenlehre aufzustellen, ja, was unsere
eigentliche Absicht war, den Menschen, nach Anweisung

der Sprachen, durch echte Sittenlehre selbstständig zu
machen, und so, auf dem Wege der Wahrheit zu
stärken. Einen Schatz von Ideen haben wir auf
diese Weise gesammelt: wenigstens mehr und in größe-
rer Verschiedenheit, als uns die gewöhnlichen Moral-
Systeme darbieten. Diese sind meistens hiermit ver-
glichen arm an Ideen und Gegenständen, weil die
Verfasser derselben darin nicht viel mehr, als ihre
eigenen Meinungen und Ansichten vorzutragen pflegen.
Sucht man aber aus den Sprachen Ideen und Gegenstände zu sammlen, so ist der Vorrath, zu dem man
gelangt, unendlich groß: und dem muß wohl so sein,
da man dieselben allen Völkern, allen Zeiten, ja, dem
ganzen Menschengeschlechte zu entlehnen sucht. Wie
aber sollen wir uns diesen Schatz, in so fern wir
denselben gefunden haben, zu Nutze machen, um das
durch unser Problem: Wie gelangt der Mensch
zu Tugend? gänzlich aufzulösen? Eine Frage bleibt
uns doch noch zur Beantwortung übrig: was es wohl
hauptsächlich sein möge, das jenes Höchste, jenes Göttliche im Menschen ins Leben rufe und in Wirkung setze
und ihn so zur höchsten Vollkommenheit emporhebe?
Mit anderen Worten: »Welches ist das Princip
aller Sittenlehre? Um auch dieses ganz zu durchschauen, müssen wir, wie mich dünkt, meine Leser!
dasjenige, was wir in all unseren Sprachforschungen
hinsichtlich der Liebe wahrgenommen, wohl einsehen
und noch tiefer, als wir gethan, ergründen. Wir
machten damit einen Anfang: endigen wir denn auch
damit.

Ist nicht die Liebe das Princip aller Moral?

Wie es Anderen vorkommen mag, weiß ich nicht; mir aber ist von Allem, was wir vermittelst der Sprachen sowohl als Plato's Philosophie, bisher aufmerkten, noch nichts wichtiger gewesen, als was sie uns über die sittliche Bedürftigkeit des Menschen gelehrt haben. Als ein solches doch, als bedürftiges Wesen, haben wir den Menschen, dünkt mich, erst gründlich und so wohl in seiner hohen Würde, als in seiner Niedrigkeit kennen lernen; denn in eben dieser Bedürftigkeit seiner Natur, liegt der Ursprung seiner Begierden und Wünsche, insbesondere der der Liebe: und was würde wohl der Mensch ohne Liebe sein? Ohne sie, ohne sich an einem Anderen zu spiegeln, ohne sich in einen Anderen versetzend, auf sich selbst zurückzublicken, wäre er nie zu einiger Selbstkenntniß, viel weniger zu Selbstveredlung und Selbstvervollkommnung gelangt. Und wie strengt er nicht durch jene Bedürftigkeit, oder vielmehr durch jenes Gefühl seiner sittlichen Schwäche und Gebrechlichkeit nicht all seine Vermögen der Seele und der Sinne an, um diesen Mangel, diese Leere, die er in sich fühlt, auszufüllen! Daraus folgt, wie wir sahen, vermittelst seiner sittlichen

Natur, seine sittliche Vervollkommnung, seine sittliche
Selbstständigkeit, seine Fortschritte auch selbst in der
Aehnlichkeit mit Gott. Denn dieses Gefühl, dieses
tiefe Gefühl der Unvollkommenheit, diese gänzliche Un=
zufriedenheit mit sich selbst, ist es vorzüglich, was in
ihm Kraft entwickelt, um seiner hohen Bestimmung zu
entsprechen, um Stand zu halten trotz aller Verfüh=
rung und jedem Zauber der Sinne, ja, in wie weit
es dem Menschen möglich ist, sich der göttlichen Tu=
geuden theilhaftig zu machen. So hätten wir also,
wie sonderbar es auch scheinen möge, der Liebe, ja
eigentlich unserer natürlichen Bedürftigkeit, unsere höch=
ste Veredlung und Vervollkommnung zuzuschreiben. Beim
Anfange unserer Forschungen, Ihr erinnert Euch, Leser!
wagten wir es nicht, die Liebe für hinreichend zu hal=
ten, um an und für sich selbst den Menschen zur Tu=
gend zu leiten: und dieses nicht ohne Ursache, da er
seinem Begehrungsvermögen nach sich leidend verhält,
und zu Tugend hauptsächlich Thätigkeit und Selbstbe=
herrschung erfordert wird. Würdet Ihr aber wohl
Etwas dawider einzuwenden haben, wenn wir, end=
lich hieher gelangt, die Liebe für das Princip, das
belebende Princip aller Moral hielten?

Redet man über Moral und Moral=Systemen, so
bedient man sich häufig der Wörter trocken und un=
fruchtbar, wie auch kalt, eiskalt. Jene Moral ist
ziemlich kalt und unfruchtbar, sagt man. Was will
man damit andeuten? oder was mag wohl jenen Sy=
stemen eigen sein, weßhalb sie mit diesen Namen belegt
werden? Hinreichend dünkt mich dazu, daß sie eben
Systeme sind. Dieses setzt voraus, daß sie aus ver=

schiedenen Theilen zusammengesetzt sind, und darin
also, wie auch in allen Systemen, Ordnung, eine passende Stellung, richtige Verbindung aller besonderen
Theile, mit einem Worte, wie in Häusern, welche man
erbaut, Proportion Statt finde; denselben jedoch, bei
all jener Ordnung, Seele und Leben fehle: und dieses fordert man doch wohl insbesondere in jeder Sittenlehre, in der Lehre der Tugend und sittlichen Vervollkommnung. Doch schon mehrmals nahm ich wahr,
daß in vielen dergleichen Systemen der Philosophen
fortwährend über Gesetze, Sittengesetze, wie auch über
Vorschriften gehandelt wird. Dieses und manches Andere, ich gestehe es, ist nicht zu verwerfen, besonders
dann nicht, wenn man immer jenes Gesetzes, jener
recta ratio erwähnt, welche nach Plato und Cicero in
die Herzen der Menschen geschrieben ist und uns gebietet das Gute zu thun und das Böse zu lassen.
Vorschriften sind auch nützlich und nothwendig: denn
solcher bedürfen wir zur Leitung für unser Leben und
Wirken. Gesetze aber und Vorschriften, wie z. B. die
Maxime Kant's: »Handle so, daß die Maxime
deines Willens als Princip einer allgemeinen
Gesetzlichkeit dienen können: so etwas mag meinem Verstande begreiflich sein; mein Herz nimmt daran
keinen Antheil. So viel ist gewiß, daß Systeme, die
hauptsächlich aus solchen Maximen bestehen, darum
mit vollem Rechte kalt und unfruchtbar genannt
werden, weil ihnen das Hauptsächliche der Moral
mangelt, Principien nämlich, welche uns fürs
Schöne und Gute, für Tugend und sittliche Vollkommenheit entflammen.

Was aber verlangen wir vorzugsweise, unseren eigenen Ausdrücken gemäß, in der Sittenlehre? Dem unfruchtbar und trocken steht fruchtbar: dem kalt
und eiskalt warm gegenüber. Wir verlangen von
jeder Sittenlehre, daß darin hauptsächlich dasjenige
herrsche, wodurch wir, wie gesagt, für Tugend entbrennen, entflammen: und so erst kann Sittenlehre
für den Menschen und das Menschengeschlecht fruchtbar werden: d. h. kann sie den Menschen zur Entwicklung aller seiner ihm inwohnenden Fähigkeiten führen, kann sie ihn für seinen Nebenmenschen, für die
ganze bürgerliche Gesellschaft leben und wirken lassen:
so daß das ganze Menschengeschlecht von seinem Streben und Handeln die herrlichsten, die gesegnetsten Früchte
ernte. Dieses, wie mich dünkt, ist es, was wir hauptsächlich in jeder Sittenlehre verlangen: und seht nun,
meine Leser! ist nicht die Liebe demzufolge, was wir
in Bezug auf dieselbe in den Sprachen wahrgenommen, in der That ein solches fruchtbare Princip
der Sittenlehre?

Ich sprach eben von Sittengesetzen, die nicht wie die
Gesetze der alten Völker auf Tafeln, sondern in die
Herzen der Menschen geschrieben seien. In der Antigone des Sophocles finde ich zuerst in den schriftli-
chen Denkmälern des Alterthums solcher nicht geschrie-
benen Gesetze erwähnt. Doch welches sind diese? Antigone, die zärtlich liebende Schwester, hatte, trotz
Creon und seines Verbotes, ihren Bruder Polynices
begraben, und jetzt vor den Tyrannen gefordert, spricht
sie: »Jupiter war es doch nicht, welcher mir dieses
verboten hatte: und ich meinte nicht, daß deine Be-

fehle von so großem Gewichte wären, daß ein Sterb-
licher, um denselben zu gehorchen, die nicht geschrie-
benen, doch unverbrüchlichen Gesetze der Götter über-
treten dürfte. Diese Gesetze, so fährt sie fort, sind
keine zeitlichen, sondern dauern immer fort, und keiner weiß aus welcher Zeit sie herrühren." Es sind
also nicht Natur- oder Sittengesetze überhaupt, von
welchen Antigone dergestalt spricht, sondern solche,
welche ihr die Liebe, die natürliche Liebe zu ihrem
Bruder eingab. In diesem ganzen Trauerspiele ist es
die Liebe, durch welche sie, wie schwach auch in Vergleich mit der Macht des Tyrannen, vor Creon Stand
hält und mit Ruhe und zugleich mit Heldenmuth für
die gerechte Sache spricht, ja dem Tode selbst Trotz
bietet. So wenig dachte sie, die bescheidene, die lie-
benswürdige Antigone bei ihrem Thun und Lassen, an
Maxime der Moral, gleich denen Kant's oder anderer Philosophen. Liebe war das einzige Princip ihres
Thuns und Lassens und dasselbe Princip war es ebenfalls, welches sie von selbst auf die nicht geschrie-
benen, doch unverbrüchlichen und ewigen Natur-
gesetze führte.

Kein Princip der Moral giebt es, welches, wie ich
glaube, tiefer im Inneren der sittlichen Natur des
Menschen begründet ist, als die Liebe. Es ist in
Wahrheit das echte Princip unseres inneren Lebens.
Die Keime der Religion und Tugend, sagen wir,
liegen in der Seele des Kindes: das ganze Leben des
Menschen ist Entwicklung dieser Keime: wie aber würden sie sich ohne die Liebe entwickeln? Eben so wenig,
als irgend Etwas in der Natur ohne Wärme hervor-

fproßt. So ist in der That die Liebe das bildende
Princip in der Sittenwelt. Wie trocken demnach jede
Moral, wie unfruchtbar und kalt, worin nicht über
Liebe gehandelt wird! Ohne ihrer zu erwähnen, kann
man freilich Systeme aufstellen, die sich durch Genau-
igkeit und Ordnung anempfehlen und allen Anschein
von Dauer und Stärke haben; so aber stehen sie denn
auch ganz auf sich selbst: so stehen sie da am Wege des
Lebens als Meisterstücke, bei denen man jedoch, wenn
auch bewundernd, vorübergeht. Nutzen stiften sie nicht:
sie feuern nicht an, um mit Muth unseren Weg zu ver-
folgen: sie beseelen und beleben den Menschen und die
menschliche Gesellschaft nicht: geschweige daß sie das
Menschengeschlecht veredeln, vervollkommnen, zur Glück-
seligkeit führen sollten. Keine Sittlichkeit ohne
Liebe: oben nahmen wir es wahr: und dieses allein
reicht hin, um zu fühlen, daß keine Sittenlehre diesen
Namen führen dürfe, deren Princip nicht die Liebe ist.

Niemals hörte ich, so viel ich weiß, von der Sittenlehre des Evangeliums sagen, daß sie unfruchtbar und
kalt sei. Warum nicht? Philosophen haben sie doch so
oft in systematische Form eingekleidet: der Theologen
zu geschweigen, welche dieselbe durch Schulgelehrsamkeit und allerlei schulmäßige Hypothesen und Antithesen verunstaltet, ja fast unkenntlich gemacht haben.
Dessen ungeachtet ist sie allezeit, anstatt kalt oder
unfruchtbar, auf eine wunderbare Art für das Menschengeschlecht und dessen wichtigste Angelegenheiten
fruchtbar gewesen, und dafür auch von Jedem gehalten, und zwar darum, weil die Liebe, so zu sagen,
das Wesen, gänzlich den Charakter dieser Lehre bildet,

und deßhalb unmöglich darin zu verkennen ist; denn
was doch anders ist das Princip derselben, als, Gott
über Alles lieben und seinen Nächsten wie
sich selbst? Und, wie passend ist dieses Princip nicht,
um die Keime des Guten, die im Menschengeschlechte
liegen, allezeit und überall, in Menschen und Völkern
zu entwickeln! Außerdem ist dabei noch zu bemerken.
Die Lehre des Christenthums ist nicht eine bloße
Moralphilosophie, sondern zum Gottesdienste gehörig
stützet sie sich auf göttliche Offenbarung und zwar auf
diese, daß es Gott gewesen, der den Menschen zuerst
geliebt habe, und die Liebe des Menschen zu Gott in
Gegenliebe bestehe. Außerordentlich erhöht noch dieser göttliche Ausspruch im Evangelium die Liebe, als
Princip der Sittenlehre. So doch erhält erst die Liebe
des Menschen zu Gott nnd dem Nächsten, Beständig-
keit, Zweckmäßigkeit, Erhabenheit. Ich werde dieses,
wegen der Wichtigkeit des Gegenstandes, noch etwas
näher entwickeln: und hierzu mögen uns wiederum unsere Sprachen und dereu Ausdrücke behülflich sein.

In unserer Sprache kommt nicht nur Liebe, sondern
auch Gegenliebe vor: eben so unterschieden die Griechen ἔρως von ἀντέρως. Diese Unterscheidung ist hier
von Gewicht. Liebe, könnte man deuken, findet sich
nur im Menschen vor, kann jedoch der Gottheit nicht
eigen sein, da sie als Leidenschaft, ja, als aus Bedürftigkeit, aus Schwäche der inneren Natur eines
sittlichen Wesens erzeugt, deswegen der Gottheit nicht
zugeschrieben werden kann. Dies kaun sie auch nicht,
lautet unsere Antwort: d. h. als Gegenliebe; wohl
aber als Liebe, wenn man nämlich diese jener entge-

genſetzt: wie aus dem Beiſpiele der Aeltern und Kin=
der einigermaßen erhellen kann. Es iſt die Liebe der
Mutter, der Aeltern, welche im Kinde Gegenliebe
erweckt: und durch letzere, durch die Gegenliebe
herzt das Kind ſeine Mutter, verehrt ſeinen Vater und
bildet ſich nach dem Muſterbilde Beider. All dieſes
iſt mit Bedürftigkeit verbunden, ja entſteht aus Man=
gel; doch nicht als ſolche findet ſie bei Vater und
Mutter Statt. Bei dieſen iſt es Liebe im Gegenſatze
zu Gegenliebe, und dieſe entſteht aus und durch ſich
ſelbſt, und erweckt, ſo zu ſagen, eben ſo im Kinde
Kraft und Leben, wie die Wärme in der Natur Alles
belebt, Alles hervorſproſſen und ſich entfalten läßt.
So auch die Liebe der Gottheit zum Menſchen. Sie
gleicht der Kraft, dem Einfluß und der Wirkung der
Sonne in der Natur: eben ſo ſelbſtſtändig wirkt ſie.
Durch ſolche Vergleichungen der Liebe mit dem, was
man in der ſichtbaren Welt erblickt, können wir eini=
germaßen empfinden, was Gott für den ſittlichen Men=
ſchen ſei: dabei müſſen wir es bewenden laſſen und
nicht zu viel zu wiſſen ſtreben. Doch genügt dieſes auch,
um uns zu noch tieferer Einſicht zu führen, wie es
von Seiten des Menſchen die Gegenliebe ſei, welche
ihn zur höchſten ſittlichen Vervollkommnung, ja zu
Aehnlichkeit mit Gott bringen müſſe. Sucht man nach
einem fruchtbaren, höchſt fruchtbaren Princip der Sit=
tenlehre; ſo iſt es kein anderes, als das der Liebe.
Des Wichtigſten erwähnte ich indeſſen noch nicht, des
Zuſammenhanges nämlich der Liebe mit unſerem Begriff
von ewiger Fortdauer. Der Lehre der Unſterblichkeit
ſind wir am allermeiſten unſer Gefühl von der hohen

Würde des Menschen und unsere eigenen Fortschritte
in Tugend und sittlicher Vervollkommnung verschuldigt.
Was hätte unser Streben nach Vollkommenheit ohne
diese Lehre auf sich? Und das Christenthum war es,
welches dieselbe erst recht ins Licht gestellt, befestigt
und über die ganze Erde verbreitet hat. Bemerken
wir aber, wie sich die alten Philosophen von der Wahrheit derselben zu überzeugen suchten, so finden wir,
daß dieses hauptsächlich durch die Wahrnehmung geschehen, wie der Mensch, bei seinem Streben nach dem
Schönen und Guten, zugleich nach dem Unendlichen
und Ewigen strebe. »In Allem was lebt,“ sagt Diotima beim Plato, »findet man Absicht um fortzu-
dauern, aber auch beim Menschen insbesondere Sehnsucht, um auch nach seinem Tode zu leben.“ Sie nimmt
dieses in der Ruhmbegierde und den unsterblichen Thaten der berühmtesten Männer des Alterthums wahr.
Wir können dieses ebenfalls aus unseren Sprachen
ersehen: in allen findet man ja die Wörter und Redensarten: unsterblichen Ruhm erwerben: sich
verewigen: nomen aeternitati tradere: gloria sem-
piterna. Eben diese Diotima jedoch — und dieses
scheint Cicero in ihrem Gespräche mit Sokrates insbesondere getroffen zu haben — eben diese Diotima, sage
ich, schreibt diese Sehnsucht des Menschen nach dem
Unendlichen, Ewigen, der Liebe zu. Dieses drücken
auch die Lateiner mit ihrem gloriae amor vollkommen
aus: und daher Cicero's Worte: certe si nihil ani-
mus praesentiret in posterum, et si, quibus re-
gionibus vitae spatium circumscriptum est, iisdem
omnes cogitationes terminaret suas, nec tantis se

laboribus · frangeret, neque tot curis vigiliisque angeretur, nec tóties de ipsa vita dimicaret (¹).

So nun die alte Philosophie: doch so auch unser Chri= stenthum, meine Leser! Alles, was mit dem Streben nach Unsterblichkeit in Verbindung gesetzt wird, ist hier unendlich erhabener, ja so erhaben, daß jeder Ruhm ausgeschlossen wird; was aber ferner die Liebe betrifft, nimmt man die Liebe aus dem Christenthum hinweg, was bleibet demselben dann noch übrig, wodurch wir an ein Leben nach diesem Leben, an Unsterblichkeit glauben sollten? was wodurch wir für uns selbst die= selbe hoffen könnten? Und was ist überhaupt nach demselben unser Glaube, was unsere Hoffnung, was unsere Tugend, was, in einem Worte, unser ganzes Leben, ohne die Liebe? Doch wenn dem so ist, wer steht alsdann noch an, die Liebe für das belebende Princip aller Moral zu halten?

Ferne sei es von mir, daß ich durch Verwerfung der eigentlichen Systeme, allem wissenschaftlichen Vor= trage abgeneigt wäre. Keine Sittenlehre ohne deut= liche Reihenfolge, ohne regelmäßigen Vortrag. Dies Alles jedoch muß nicht auf Thesen und Antithesen fu= ßen, die einmal zum Wanken gebracht, den Einsturz des ganzes Gebäudes, welches man auf denselben errichtet, veranlassen. Es muß aus der Natur des Menschen und den Principien, die sich darin entdecken lassen, abgeleitet werden, und nimmt man darin jene Hauptquelle aller Moral, das Princip der Liebe wahr, so ist es wunderbar, wie leicht und regelmäßig man

---

(¹) Pro Archia, c. 12.

daraus nicht nur die Anleitung des Menschen zur
Tugend, sondern auch seine Pflichten gegen sich selbst,
gegen seinen Nächsten und die bürgerliche Gesellschaft,
besonders gegen die Gottheit herleitet und ans Licht
stellt. Es giebt keine Lehre, die schöner ist und für
jeden nachdenkenden Menschen anziehender, als die
Lehre der Moral; doch muß sie ganz in der Kenntniß,
in tiefer Erforschung des Menschen, als vernünftiges,
besonders als sittliches, erhaben sittliches Wesen be=
gründet sein. Erst dann kann sie zugleich für jeden
Menschen heilsam, und, auf Politik angewandt, auch
Völkern und Staaten heilbringend und wichtig werden.
Dieses ist es denn auch vornehmlich, was wir in un=
serer Untersuchung beständig im Auge hielten, und wie
man es im dem Gange unserer Forschungen bemerken
kounte, immer tiefer und tiefer haben wir die mensch=
liche Natur zu untersuchen und zu ergründen getrach=
tet, bis wir endlich auf dieses erste, dieses belebende
Princip im Menschen, die Liebe gekommen sind. Eine
Moral, oder auch einen wissenschaftlichen Vortrag
derselben zu entwerfen, würde uns, nach dieser Un=
tersuchung, wohl nicht sehr schwer fallen: ebenso we=
nig, als es viel Mühe verursachen würde, aus der
Naturdialektik, die wir in den Sprachen entdeckten,
eine vollständige Logik zu entwerfen und darzustellen;
doch Beides liegt außer den Grenzen unseres Planes:
weßhalb wir Anderen solches überlassen. Es genügt
uns, wenn wir nach Anleitung der alten Philosophie,
Beider der Moral und Logik, Principien in den Spra=
chen entdeckt haben. Und in Bezug auf Moral, glau=
bet mir, meine Leser! wenn irgend anders, sind in den

Sprachen, in eben diesen Spiegeln so wohl des mensch=
lichen Herzens, als des menschlichen Verstandes nicht
nur die Hauptprincipien, sondern auch die Grundzüge
der wahren sowohl theoretischen als praktischen Sitten=
lehre zu finden.

Nur noch Einiges habe ich hier hinzuzufügen in
Bezug nämlich auf dasjenige, was wir hinsichtlich
unseres Ausdruckes: von Liebe entbrennen, schon
einigermaßen in Vorbeigehen angemerkt haben. Dieser
Begriff von Feuer, von Flamme, von Gluth, über=
haupt von Wärme, ist in allen Sprachen mit dem
Begriff der Liebe verbunden; und so führen uns diese
Naturausdrücke von selbst auf diese schöne Vorstellung
der Liebe, welche ihren Einfluß auf den Menschen und
alle menschlichen Angelegenheiten so richtig und voll=
ständig an den Tag legt. Diese Vorstellung ist, daß
Liebe in der Sittenwelt, zu unserer Aufmunterung zum
Guten und Vervollkommnung in demselben, eben das=
jenige vermag, was die Gluth und Wärme der Sonne
in der sichtbaren Welt, zum Grünen und Blühen der
ganzen Natur bewirkt (¹). So viel fehlt daran, daß
Moral, aus dem Princip der Liebe hergeleitet, je kalt
und unfruchtbar sein könnte!

Sehet hier vor unseren Augen das Reich der Tugend,
welches ebenfalls das Reich der Wahrheit ist, eröffnet.
Wir erblicken auch schon einigermaßen die Religion in
der Ferne: oder vielmehr die Religion ist es, welcher
dieses Reich aus der Ferne bestrahlt und erleuchtet.

(¹) Man sehe meine Briefe über den höheren Un=
terricht, Br. XIV.

Wir müſſen jetzt zur letzten Unterſuchung, wie der
Menſch einmal noch zu Weisheit gelangen ſolle, über=
gehen, und, irre ich mich nicht, wird in eben dem=
ſelben Reiche der Wahrheit und Tugend, wie wir es
nun erblickt, die Weisheit wohl ihren Tempel geſtiftet
haben; glaubten wir aber in unſerer vorhergehenden
Betrachtung zu einigem Wiſſen hinſichtlich der göttli=
chen Natur gelangt zu ſein, hier ſehen wir, dünkt
mich, nicht nur, was das Weſen aller Weſen an und
für ſich ſelbſt, ſondern auch was es für uns ſei. Nach
all dieſen Forſchungen in der ſittlichen Welt, und was
dariu, nach Andeutung der Sprachen, die Liebe ver=
mag, lernen wir, wo ich nicht irre, tiefer einſehen,
was es nach der Lehre des Chriſtenthums bezeichne:
Gott iſt Liebe.

Wie sollen wir einst zu Weisheit gelangen?

Πάλαι, ὦ μακάριε, φαίνεται πρὸ ποδῶν ἡμῖν
ἐξ ἀρχῆς κυλινδεῖσθαι, καὶ οὐχ ἑωρῶμεν αὐτό.

Was wir uns vorgenommen, meine Leser! führen wir aus: propria rate pellimus undas. Mit eignem Kiel, mit Hülfe der Erzeugnisse des menschlichen Geistes selbst, durchkreuzen wir die Wasser, um die Weisheit, oder wenigstens das Mittel, wodurch wir zu derselben gelangen, zu entdecken: und gewiß, wir haben auf unserer Reise schon eine ziemliche Strecke Weges zurückgelegt; denn nach Anweisung der Sokratischen Schule mußten wir durch das Streben nach dem Schönen, Wahren und insbesondere nach dem Guten, dorthin zu gelangen suchen: und schon sehen wir uns durch so viele in unseren Sprachen vorhandenen Wörter und Redensarten, in den Staub gesetzt, um bei der Behandlung der Aesthetik, Logik und Moral, richtig darnach zu streben. Besonders haben wir uns dadurch vor Fehlgriffen und Vorurtheilen der Menschen, den größten Hindernissen, dorthin zu gelangen, hüten lernen. Wie oft doch hat man nicht, hinsichtlich der Aesthetik, das Gefällige für das Schöne gehalten, so daß man

bei der Ausübung der schönen Künste nichts beabsichtigte, als dasjenige, was den Sinnen schmeicheln,
das Gefühl erregen, die Einbildungskraft erhitzen
konnte, und wäre es auch, daß es zugleich das Herz
in seinem Innersten verpestete! In unseren Sprachen
hingegen hat das Schöne die Bedeutung von rein,
von geläutert: das Schöne verbinden wir mit dem
Edelen und Guten: immer reden wir von reinem,
von gutem Geschmack, und setzen diesem einen falschen Geschmack, falschen Witz, faux brillant, entgegen. Dies Alles sind Winke, wichtige Winke für
uns, falls wir wollen, daß auch Aesthetik dazu diene, in den Besitz der Weisheit zu gelangen. Was
aber insbesondere das Wahre und Gute betrifft, wie
sehr hat man uns nicht oft ein richtiges Streben darnach erschwert! Einerseits hat man uns zum Empirismus und Epicurismus, der Lehre, welche auf Materialismus und die Erniedrigung des Menschen zum
bloß sinnlichen Wesen hinausläuft, und auch wohl
andererseits zum kalten Stoicismus, oder Transcen-
dentalismus, wodurch man sich so leicht zu eitelem
Idealismus hinreißen läßt, zu verleiten suchen! Haben wir uns aber nicht meine Leser! auf unserem Wege,
durch Anweisung der Sprachen sowohl, als der Sokratischen Schule, vor jenen Gefahren gehütet? und
sind wir nicht grade dadurch, daß wir uns durch jene
Anlockungen und Verleitungen nicht haben abhalten
lassen, eben so gemächlich als schnell fortgeschrit-
ten? Wir bekümmerten uns um all jene Kunstwörter
nicht, ebenso wenig als um der Philosophen Systeme,
die opinionum commenta der Menschen, welche sie

daburch an den Tag gelegt und verbreitet haben,
sondern Wörter, die in den Sprachen sich vorfinden;
meistens Naturwörter und welche die naturae judicia
in sich fassen und ausdrücken, diese waren es, welche
uns gleich den Baken im Meere zur Leitung dienten, und
durch welche wir gleichsam von selbst gewisse Natur-
Logik und Moral zur Erlangung der Weisheit entdeckten. So ging es, längs jenem natürlichen Wege,
leicht und schnell, mit vollen Segeln vorwärts. Und
wer weiß, wie weit wir es auf diese Weise nicht schon
im Auffinden der Weisheit gebracht haben! Schon
öfters geschah es bei unseren Forschungen, daß wir
bereits weiter, als wir selbst vermutheten, gefördert
waren: vielleicht sind wir hier nicht mehr weit vom
Ziele unserer Forschungen entfernt; denn haben wir
einsehen lernen, wie man zu Wahrheit, wie man zu
Tugend, und wie man so zugleich zu vernünftiger und
sittlicher Selbstständigkeit gelange, so bedarf es nur
noch eines Schrittes, dünkt mich, und wir sind da,
wohin wir wünschen; denn wundern würde es mich
nicht, wenn uns das Wort, welches unserer Sprache
so eigenthümlich ist, und dessen wir uns so beständig
in unseren ganzen Untersuchung bedienten, ich meine
wijsgeerte, wenn dieses allein hinreichend wäre, um
uns zu einer richtigen Beantwortung der aufgestellten
Frage: »Wie soll der Mensch einst zu Weisheit gelangen?” in Stand zu setzen. Wie mich
dünkt, ist außer Zweifel, daß uns dasselbe seiner
Grundbedeutung gemäß bei weitem mehr als Metaphysik dazu verhelfen wird. Umfaßt es doch, würde
ich sagen, Alles, was zum Princip und zum Zwecke

unserer Untersuchung gehört, da es Begierde, Ver=
langen nach Weisheit bezeichnet, während das an=
dere Metaphysik und besonders transcendentale
Philosophie auf sehr gewagte Unternehmungen hin=
zudeuten scheint. Hierüber jedoch erst später, wann
wir absichtlich über Metaphysik haudeln werden. Hier,
Leser! werde ich Euch die Frage, ob nicht die Phi=
losophie für uns der Weg, um zu Weisheit zu
gelangen, sei, aus den Sprachen zu beantworten su=
chen. Wir werden dabei nicht nur auf unser wijsgeerte, sondern auch auf das Lateinische sapientia,
auf der Deutschen Weltweisheit, und eine Menge
Redensarten, welche mit diesen Wörtern in Verbin=
dung stehen, unsere Aufmerksamkeit richten müssen.
Und wie uns nunmehr unser Gottesdienst von unserer
zartesten Jugend auf zu Weisheit geleitet, so mögen
wir auch dieses Wort Gottesdienst und andere dazu
gehörigen wohl vorzüglich in unseren Sprachforschun=
gen berücksichtigen. Machen wir mit dem sapientia
der Alten einen Aufang: es wird uns, wie ich deuke,
auf die erste unserer Hauptfragen bringen: »Ist die
Philosophie nicht der Weg um zu Weisheit
zu gelangen?

Erst vor Kurzem wurde ich auf dieses Wort auf=
merksam. Es stammt von sapere her. Sapiens ist,
qui sapit, welcher Geschmack an Etwas hat. Es
wird eigentlich in diesem Sinne vom Gaumen und
der Zunge gebraucht wie bei Cicero: nec sequitur, ut
cui cor sapiat, ei non sapiat palatum (¹); und ist

(¹) Fin. II. 8.

dann im edleren Sinne auf den menschlichen Geist über=
getragen. So heißt sapere, zwar weise sein, wie im
sapere aude des Horaz, zuerst aber Geschmack,
einen guten Geschmack an etwas finden. Wir
machten schon die Bemerkung, wie dieses lateinische
Wort, oder was wir darunter verstehen, den Uebergang
von den schönen Künsten zu den Wissenschaften bilde:
Bei Ausübung jener fördern wir Geschmack; so
pflegen wir auch von demjenigen, was uns bei Durch=
lesung eines Gedichtes, einer Rede oder eines Buches;
was es auch enthalte, behagt oder einnimmt, zu sagen
ich finde daran Geschmack (¹): und finden wir Ge=
schmack daran, so lesen wir es, wie wir uns ebenfalls
ausdrücken, begierig, mit Heißhunger, ja ver=
schlingen es; die Lateiner aber, wie wir sehen, wen=
den es auf dasjenige, was wir unter Weisheit verstehen
an, und seht hier einen Wink, einen für uns wichtigen
Wink, auf den wir besonders achten müssen, um auf
dem Wege der Künste und Wissenschaften einst zu
Weisheit zu gelangen. Zwar müssen wir, wie uns
aus den Sprachen von allen Seiten erhellte, durch
Dialektik, durch die Kunst zu scheiden und verbinden,
durch richtiges Urtheilen, zu Weisheit gelangen,
und können ohne dieses auf unsere Tugend und sittli=
che Vervollkommnung nicht bauen; doch ist es uns
auch nicht bekannt, wie viel dazu beitrage, daß unser
Geschmack für das Schöne und Gute von Jugend auf
richtig gebildet sei? So bekommen wir desto eher Ge=
fühl und Geschmack für das Wahre. Doch eben diese

(¹) Holländisch: dat smaakt ons.

Dialektik, wie oft hat man sie nicht mißbraucht, so daß man sich nur mit Beweisen gewagter Hypothesen beschäftigte, ohne an das Scheiden und Vertheilen zu denken! Kein Mann von guten Urtheilskraft kann solches billigen, und mögen sich ungeübte Menschen durch all jenes Raisonniren, durch jene Aufhäufung von Schlüssen, durch jenen scheinbar mathematischen Gang der Beweisführung überzeugen lassen: wer nur immer Geschmack, oder, wie wir es auch wohl nennen, Gefühl fürs Wahre hat, wird mit kurzen Worten sagen: unwidersprechlich mag es scheinen, doch wahr ist es nicht. Dieses vermag jener Geschmack, besonders wenn derselbe von Jugend auf durch die schönen Künste gebildet ist. Dieses nun gerade ist es, was vielen, wo nicht den meisten Metaphysikern, bei ihrem Streben nach der höchsten aller Wissenschaften, fehlte. Schlägt man ihre Werke auf, so findet man überall Spuren entweder des Scharfsinns, oder des Denkkraft, oder eines besonderen Vermögens, um mit Bündigkeit und aller Ueberredungskraft darzuthun und zu beweisen; doch hat man diese Werke ganz kennen lernen, fragt man sich wohl zuweilen: kann unser gesunder Verstand solchem beistimmen? Solche Begriffe hatten jene Schriftsteller vom Guten und Wahren. Hieher rührt der Unterschied, den unsere Sprachen zwischen Gelehrten und Weisen, doctores und sapientes, zwischen un homme savant und un sage machen. Daher rührt es ebenfalls, daß man fortwährend, bei allen Völkern, unter der 'großen Anzahl Gelehrten so wenige Weisen angetroffen, und der Weise stets eine seltsame Erscheinung im Menschengeschlechte gewesen. Ist dieses,

Leser! nicht ein wichtiger Wink für uns, wenn wir zu Weisheit gelangen wollen? Sapientia nimmt mit sapere ihren Anfang, und so lernt man richtig denken, spre= chen und schreiben: scribendi recte sapere est et prin= cipium et fons: so gelangt man wirklich zu Weisheit, und kann man Andere dazu führen; aber mit jenem ganzen Heere von Beweisen und Schlüssen, mit jener ganzen Last von Schulgelehrsamkeit, ersteigt man un= möglich, man bemühe sich so sehr als man will und kann, jene hohe Burg, jene arx sapientiae.

So hätten wir denn, nach Anleitung des Lateinischen sapientia, mit einem Worte angewiesen, was vorzüglich dazu gehöre, um zu Weisheit zu gelangen: wir müssen Geschmack am Wahren finden, und diesen Geschmack müssen wir durch Ausübung der Künste und Wissen= schaften läutern und veredlen. Doch jetzt in Bezug auf die Philosophie, glaubten wir, daß diese für uns wohl vorzüglich der Weg zur Weisheit genannt werden könnte. Wohlan! sehen wir, was bei den Al= ten φιλοσοφία war, und was dieses Wort, wie auch unser wijsgeerte in sich fasse. Bei dieser Untersuchung werden wir fortwährend unserer Encyclopädie, welche ganz und gar ein Erzeugniß der alten Philosophie ist, erwähnen müssen. Vielleicht stellen wir sie hier in ein noch helleres Licht als früher.

———

Ist nicht die Philosophie der Weg um zu Weisheit zu gelangen?

—

Ganz im Geiste des Alterthums waren die Worte des Hemsterhuis über die Philosophie: la philosophie n'a été apportée sur la terre ni par Minerve, ni par les séraphins. Le premier philosophe fut homme: par conséquent la philosophie est dans l'homme. Cherchons donc hardiment la philosophie dans nous mêmes (¹). Wir aber haben, damit uns dieses ein= leuchte, nur auf unser wijsgeerte zu merken. Als be= geerte nach Weisheit, von selbst wird es uns daraus klar, ist die Philosophie im Menschen. Ferner wurde die Philosophie ehemals für die Mutter der Künste und Wissenschaften gehalten: und nicht ohne Ursache. Sie ist ja nicht, als Wissenschaft, objectiv, sondern, wie wiederum ihr Name andeutet, als wijsgeerte, als Begierde, Sucht, Streben nach Weisheit, subjec= tiv im Menschen: und als solche hat sie, Jahrhunderte hindurch, die Künste und Wissenschaften, wie sie jetzt siud, zu Tage gefördert. Nicht als ob man jenem Ver= langen nach Weisheit den Ursprung der Musik und Poesie, der Mathematik und Dialektik, der höheren

—

(¹) Oeuvr. I. p. 269.

Wissenschaften zuzuschreiben hätte. All dieses ist der
Mensch den besonderen Vermögen seiner Seele, seinem
Gefühl-, Erkenntniß- und Begehrungsvermögen verschuldigt (¹); die Philosophie aber, welche in ihm wohnt,
hat den Künsten und Wissenschaften die gehörige Rich-
tung gegeben, um dieselben aus den rechten Principien
zum rechten Endzwecke auszuüben: und in dem Sinne
mochte sie früher bei den Griechen und Römern wohl
mit Recht die parens et genetrix omnium artium
laudatarum, die Urheberinn, die Mutter, die
Pflegerinn der Künste, und Wissenschaften
heißen, da sie in der That dadurch eben diese zu
Künsten und Wissenschaften machte. Doch noch
mehr. Der Philosophie schreiben wir es zu, daß sie
uns leite. Sie muß uns in unseren Betrachtungen
leiten, sagen wir: ja, sie muß uns geleiten, sagen
wir ebenfalls, auf dem Pfade des Lebens. Bei den
Alten hieß sie dux vitae, vitae magistra. Plato
nannte sie παιδεία, Erziehung, opkweeking. So
dient sie, durch dieses Verlangen nach Weisheit insbesondere dazu, um den Menschen, vermittelst der Künste
und Wissenschaften, zum Schönen, Wahren und Guten
anzuführen. Dieses ist das Werk des wijsgeers, der
durch Begierde, Verlangen, durch Liebe zur Weisheit
angetrieben wird; und solches haben auch wirklich die
Philosophen, wie uns aus unseren Untersuchungen erhellte, fortwährend gethan. Ans dem Gefühlvermögen
des Menschen sahen wir die schönen Künste sich entwi-

(¹) Wie man dieses aufzufassen habe, ist deutlich genug,
meine ich, gezeigt, Encycl. II. p. 261 und 262.

ckeln; zugleich aber, daß es allezeit die Philosophen
gewesen, welche untersuchten, wie eben diese Künste zur
Erziehung und Bildung der Jugend angewandt werden müßten. Wir nahmen ferner wahr, wie der Mensch
durch sein Erkenntnißvermögen Mathematik und die
übrigen reinen Wissenschaften, besonders die Dialektik
entdeckte; doch zugleich, wie eben diese Wissenschaften
durch die Philosophen zur Schärfung des Wahrheits-
sinnes der Jugend zweckmäßig angewandt worden. Und
so kamen wir endlich auf die höheren oder angewandten, die physischen, die rechtsgelehrten und gottesge-
lehrten Wissenschaften. Die Principien derselben leiteten wir ebenfalls aus dem menschlichen Erkenntnißvermögen und den reinen Wissenschaften, welche die
Grundlage derselben bilden müssen, ab; und bei deren Anwendung aufs Leben und die Gesellschaft kam
es uns vor, daß sie nach sittlichen Principien, wie
diese in unserem Begehrungsvermögen und unserer sittlichen Natur liegen, in Ausübung gebracht werden
müssen; doch hier auch wurde es uns wiederum deutlich, daß es stets Philosophen gewesen und sein mußten, welche denselben die richtige Tendenz, das Heil
der Menschheit zu befördern, verliehen. So schritten
wir stufenweise nach der Reihenfolge der menschlichen
Lebensalter vorwärts, und bis ans Höchste, des Menschen sittlichen Sinn, gelangt, sahen wir, wie dieser
insbesondere, durch Philosophie geleitet, allen Künsten
und Wissenschaften, welche es auch sein mögen und wie
beschränkt oder gering uns manche derselben scheinen
möchten, allen ohne Unterschied, hohen Werth verleihe,
indem sie insgesammt das Gute bezwecken: und so wies

uns zuletzt eben diese Philosophie den hohen Stand-
punkt an, auf welchen der Gottesdienst, der unserige
nämlich, das Christenthum, den Menschen stellt. Sehet,
meine Leser! zeigt unser Wort wißgeerte nicht so wohl
als die Untersuchung, welche wir in dieser Schrift, in
dieser unserer Encyclopädie unternommen und fortgesetzt haben, zeigt es uns nicht deutlich, wie die Philosophie, auf Sokratische Weise behandelt, der Weg
sei, auf dem wir zu Weisheit gelangen können?

Ist aber die Philosophie solcher Art, und kann sie
dazu dem Menschen dienen, so fragt es sich, wie sie
zur Erreichung dieser ihrer Bestimmung behandelt werden müsse. Aus dem Weltweisheit der Deutschen
kann dieses, wie ich glaube, erhellen.

Wie soll man Philosophie behandeln, um einst zu Weisheit zu gelangen?

Man spricht gewöhnlich mit einer gewissen Geringschä-
zung von Schulphilosophie, und setzt derselben die
Philosophie, welche außerhalb der Schule in der Welt
nützlich ist, entgegen. Was beabsichtigen wir mit diesem
Unterschiede? Wollen wir damit andeuten, daß Philosophie, um in der Welt Nutzen zu stiften, populär und
nicht wissenschaftlich behandelt werden, und demnach
an keine Schulmethoden gebunden sein müsse? Ich glaube
nicht. Es gab eine Zeit — ich erlebte dieselbe noch
zum Theil — wo man alle Wissenschaften, welcher
Art sie auch sein mochten, auf populäre Art behandeln
wollte. Fontenelle und Voltaire und vor ihnen schon
Fenelon machten damit einen Anfang, und so weit ist
man darin gegangen, daß man sogar die nicht nur
äußerst wissenschaftliche, sondern auch so rein mathematische Philosophie Newton's, populär für Kinder
und Frauen, ja für das Volk faßlich zu machen suchte.
Der Erfolg davon war, und wie konnte er anders sein?
daß die Philosophie nicht anders als ganz oberflächlich
behandelt wurde, und diejenigen deßhalb, welche sich
mit den Wissenschaften beschäftigten, immer mehr und
mehr mit Verachtung auf sie niederblickten. Wir ver-

langen demnach keine solche populäre, höchst oberfläch=
liche Behandlung der Philosophie nicht. Was aber ist
es doch in den Schulen, wird man fragen, wodurch
die Philosophie als schulmäßige, einen so üblen Namen
erhalten hat? Ist es vielleicht der Gebrauch der Lehr=
methoden, wie er den Schulen besonders eigen? Auch
dieses kann es nicht sein; denn was ist Philosophie
sowohl als Wissenschaften ohne Methode behandeln?
Nichts anders, sagt Plato, als der Weg des Blinden,
τυφλοῦ ὁδός. Und ist überdieß Etwas der Natur an=
gemessener, als die beiden Hauptmethoden der Schu=
len? Immerfort erwähnten die Philosophen, wenn sie
von wissenschaftlichem Vortrage redeten, des Bewei=
sens, und verstanden darunter gewöhnlich, von Carte=
sius bis zu Wolf's Zeiten, die synthetische Methode
der Mathematik. Dieses hieß streng, apodictisch dar=
thun, so daß nichts dawider einzuwenden, wie der
Mathematiker verfährt, wenn er beweiset. Die Spra=
chen haben uns indessen gezeigt, daß dieses Beweisen
nichts mehr als ein Weisen, Anweisen, Zeigen sei, wie
unsere Mathematiker sagen: quod erat demonstrandum: womit man das einfache Zeigen ausdrückt.
Euklides nennt es wirklich: ὃ ἔδει δεῖξαι, was wir
zeigen mußten. Wir sehen demnach, wie dieser
Vortrag bei der Behandlung der Philosophie, sei er
noch so streng und apodictisch, doch im Grunde höchst
einfach sei, und mit unserem Unterweisen über=
einstimme. Seit Wolf hat man sich in der Philoso=
phie mehr der analytischen Methode, der sogenannten
Induction, zum wissenschaftlichen Vortrage bedient.
Diese ist weniger zum Beweisen und Darthun als, wie

es das Griechische ἀναλύειν von selbst andeutet, zum
Entwickeln, Auseinandersetzen, Auslegen, geeignet.
Abermals eine einfache und natürliche Art, die Philosophie zu behandeln; jedoch ihrer Natur nach für
andere Gegenstände der Untersuchung, als die synthetische Methode, bestimmt. Diese, die synthetische dient
ja eigentlich zum Darthun und Beweisen desjenigen,
was man sicher weiß, wie alles dessen, was sich einigermaßen auf Mathematik bezieht. Die Analyse oder
Induction hingegen ist mehr dazu bestimmt, um dasjenige, was man noch nicht so vollkommen durchschaut,
aber doch schon allmählig hat kennen lernen, Andern
vorzutragen. Sie weiset Alles nicht so an, wie es ist
und sein muß; sucht aber zu entfalten und zu entwickelen, was noch verwickelt, auseinanderzusetzen und
auszulegen was noch verwirrt, aufzuhellen was noch
dunkel ist. Deßwegen ist sie so besonders zum Finden
und zum Entdecken geeignet. Ans den Wörtern, deren
ich mich hier bediente, lernt man die Art beider Methoden keunen, und ersieht man daraus nicht zugleich,
wie uns dieselben auf dem Wege zur Weisheit, indem
wir uns der Philosophie befleißigen, zu jenem erhabenen Ziele unseres ganzen Strebens, zu Wahrheit und
Weisheit zu gelangen, führen können? Nichts ist demnach verkehrter, als mit jenem verächtlichen Namen
der Schulphilosophie, die Anwendung dieser beiden
Methoden zu bezeichnen. Wir haudeln von selbst so in
der Welt, ohne an Schulen oder Methoden oder an
die Behandlung der Philosophie zu deuken, wann wir
wünschen, daß Einer etwas sehe und keunen lerne:
wenn wir z. B. einem Fremden Kenntniß von einer

Stadt oder einem Landgute verschaffen wollen: so führen wir ihn umher, zeigen ihm bald diesen, bald jenen
Gegenstand, machen ihn bald auf diese, bald auf jene
Sache aufmerksam: und thun dieses nach einem bestimmten Wege, dem wir mit ihm folgen. Methode
heißt, nach der Bedeutung des griechischen Wortes,
Fortschreiten nach einem bestimmten Wege.
So verfahren wir bei Sachen, welche wir wissen, vollkommen kennen, ganz durchschauen, um auch Anderen
davon Kenntniß zu verschaffen, wie der Mathematiker bei den Figuren, deren Eigenschaften er kennt.
Eben so zeigen wir jene Anderen. Und was Sachen
betrifft, von denen wir keine so genaue Kenntniß haben, oder die uns wohl noch größtentheils verborgen
sind, diese suchen wir zu unserem und Anderer Nutzen
zu entdecken, zu entfalten, zu entwickeln: schon
wieder dem täglichen Leben entnommene Redensarten,
wenn wir etwas Bedecktes, Zugefaltetes oder Verwi-
ckeltes, für uns und Andere entdecken, entfalten, entwickeln. Man sieht, wie einfach und natürlich jene
beiden Methoden sind. Warum sollte man sich also
derselben nicht in Schulen bedienen? Ich wiederhole
demnach meine Frage: was für eine Behandelung der
Philosophie mag es doch wohl sein, die man in übler
Bedeutung die schulgemäße nennt?

Der Schule, wie schon erwähnt, setzen wir die Welt
entgegen, und unter Welt verstehen wir das Leben
der Menschen. So sagen wir: was man in den Schulen erlernt, muß wohlthätig auf das Leben der Menschen einwirken. Und dieses wohl vorzüglich wird, wie
ich glaube, zu den Kennzeichen der wahren Philosophie

gehören. Entspricht man dem nicht, ist sowohl beider Methoden Gebrauch, als die Philosophie selbst und deren Behandlung schulgemäß, mit einem Worte: Philosophie muß Weltweisheit sein.

Dies war die Sokratische. Sie war so weit entfernt, ihren Sitz zwischen den Mauern der Schule oder in den einsamen Wohnstätten der Weisen und Gelehrten aufzuschlagen, daß sie vielmehr, um das Heil des Staates so viel als möglich zu befördern, mitten unter den Menschen wohnte. Aus der menschlichen Natur strebte sie Alles herzuleiten, jedoch in der Absicht, um auch wiederum Alles auf das Leben und Wirken der Menschen anzuwenden. Solches hat man seitdem immer mehr und mehr verabsäumt, und zwar vorzüglich durch absondern, von einander scheiden, abtheilen, und auch ferner durch die Sucht, immer, wie sehr auch am unrechten Orte, abgezogen, in abstracto zu reden. Betrachten wir dies etwas genauer.

Nach Andeutung der Sprachen herrscht ein großer Unterschied zwischen abscheiden (absondern) und unterscheiden, zwischen separare und distinguere, zwischen ἀφαιρεῖσθαι und διαιρεῖσθαι. Nichts jedoch hat man durchgehends in den Schulen der Philosophie, besonders in Bezug auf die Philosophie selbst, weniger in Acht genommen, als gerade diesen Unterschied. Anstatt die Stufen, auf welchen sie uns zur Weisheit emporheben sollte, zu unterscheiden, hat man sie abgetheilt, abgesondert, in besondere Theile zerrissen, und diese Theile, jeden ins Besondere, als eben so viele Wissenschaften behandelt. Nicht lange nämlich, wie bekannt, nach Sokrates und Plato, wel-

che die Philosophie in ihrem ganzen Umfange und
gleichsam aus einer Quelle entspringend behandelt
hatten, entstand jene Vertheilung derselben, in Physik, Dialektik und Ethik, welche seitdem bei den
Alten Stand hielt. Wie verkehrt dieses gewesen, hat
schon Seneca richtig bemerkt. Dividi enim philoso-
phiam, sagt er, non *concidi*, utile est (¹); doch
was konnte auch verkehrter, was zugleich der Gesellschaft, wie der Philosophie, nachtheiliger sein! Denn
mit diesem Zerstückeln der Philosophie in drei besondere Theile, als eben so viele besonderen Wissenschaften, war die Philosophie selbst verschwunden, und
wurden jene Wissenschaften ganz auf sich selbst, ohne
Zusammenhang, ohne Uebereinstimmung und Anwendung auf das menschliche Leben ausgeübt. Es ging
damit, um es durch ein Bild zu verdeutlichen, wie
wenn man Bäche, die nach allen Seiten hinströmen
nnd Alles befruchten, von ihrer Quelle abschneidet.
Die natürliche Folge ist, daß sie stehendes Wasser
werden und endlich austrocknen. So auch die Wissenschaften nach jener Zerstücklung. Nach Sokrates und
Plato hätten sie dazu dienen sollen, um Einfluß auf
die ganze menschliche Gesellschaft, zur Beförderung
ihrer wichtigsten Angelegenheiten, auszuüben; doch
jetzt, von der Philosophie, ihrer gemeinschaftlichen
Quelle, getrennt, nicht mehr aus Principien, aus
Liebe zum Schönen, zum Wahren und Guten ausgeübt, wurden sie in den besonderen Schulen, in denen
man über sie handelte, trocken und unfruchtbar. So

(¹) Sen. Ep. 89.

ward, was man Philosophie nannte, anstatt Welt=
weisheit, nichts mehr, als trockne, nichtige Schul=
weisheit.

Die Folge war, daß man Künste und Wissenschaf=
ten immer mehr und mehr abstract behandelte: was
stets ein Fehler der Philosophen gewesen ist. Nicht,
als ob das Abstrahiren, das abgezogene Denken an
und für sich selbst zu mißbilligen: die reine Mathe=
matik ist ganz abgezogen und eben so die reine Dia=
lektik. Doch muß man es dabei nicht bewenden lassen.
Beide müssen zugleich angewandt werden, Mathematik
auf die Mechanik, und Dialektik auf alle Wissenschaf=
ten, sollen Beide das Interesse des Menschengeschlech=
tes befördern. Und nicht nur dieses, sondern eben
diese reinen Wissenschaften, wie auch alle Künste und
Wissenschaften haben noch eine andere Nutzanwendung,
wodurch sie unmittelbar auf das Leben einwirken, daß
sie nämlich geradezu auf den Menschen und seine
Ausbildung angewandt werden. Dieses war, so viel
wir ersahen, das der Sokratischen Schule Eigenthüm=
liche. Mathematik und Dialektik mußten dort eben=
falls und vorzüglich dazu dienen, um den Geist des
Menschen von Jugend an aufzuregen, zu schärfen,
damit sein Wahrheitssinn dadurch geübt und gestärkt
würde. Eben so Rhetorik. Man handelte darüber
nicht allein in abstracto, einzig in der Absicht, um
die Kunst der Beredsamkeit und eines guten Styles
zu finden und vorzutragen, man machte diese Kunst
auch dazu geeignet, um bei deren Behandlung Ver=
stand und Herz zu bilden, und bei Ausübung der=
selben in der Gesellschaft, auf Menschen und Völker

heilbringend zu wirken. Beobachten wir es in Plato,
Cicero, Quintilian. Diese ließen es nicht bei Defini=
tionen, allgemeinen Maximen, Abtheilungen und Un=
terabtheilungen bewenden, sondern vorzüglich in con-
creto, auf echt philosophische Weise, machten sie uns
zugleich auf den Menschen, auf seine Geistesvermögen,
auf seine Bildung und Erziehung aufmerksam. Sie
erwählten sich einen Knaben oder Jüngling, welchen
sie bildeten und anleiteten, um einst durch richtiges
Denken, wahre Beredsamkeit, guten Schriftstyl, die
wichtigsten Angelegenheiten der Staaten und Völker
zu befördern. Plato verlangte von einem Solchen
drei Dinge: Anlage, Kenntnisse und Uebung:
worin ihm Cicero und Quintilian und alle, welche die
Rhetorik richtig behandelt, gefolgt sind. So kam gleich=
sam Leben in die Methode und den Vortrag:
man nennt dies auch lebhaften Vortrag im Gegen=
satze der Schul=Methode, welche so trocken und un=
fruchtbar ist. All jenes Abstrahiren, all jenes Phi=
losophiren in abstracto, läuft auf Beschränktheit hin=
aus, und früh oder später lernt man dieses einsehen.
Als die Rhetorik bei den Griechen zu Cicero's Zeiten
ganz abstract behandelt wurde; siehe Cicero's ersten
Versuch in diesem Fache, seine Bücher de inven-
tione: erhielt dieses Wort eine üble Bedeutung, als
ob es durchaus den Schulen angehöre, und machten
die Römer zwischen Rhetor und Orator zwischen
Rhetorica und Eloquentia oder ars dicendi einen
gewaltigen Unterschied. Zum Beispiele nehme ich hier
die Rhetorik, die Schreib= und Redekunst; doch eben
so machten es die Alten hinsichtlich der höheren Wissen=

schaften. Sie schrieben und dachten nicht nur in abstracto über die Rechtsgelehrsamkeit, sondern, wie Cicero es macht, stellten sie uns den Rechtsgelehrten, den Jureconsultus vor, wie er sich vorbereitet, um einmal dieses ganze Fach wohl zu überschauen, es ganz zu behandeln und den Staat zu lenken. Wäre Cicero fortgefahren, eben so über Rhetorik und Rechtsgelehrsamkeit zu schreiben, wie er es in jener ersten Schulprobe begonnen hatte, und wie man es nach ihm gewöhnlich in den Schulen gethan, gewiß wäre er dann als Schriftsteller nie ein Cicero geworden. Als er aber in reiferem Alter, ganz und gar vom Geiste des Platonischen Phaedrus durchdrungen, in seinen Dialogen de Oratore, den Orator und zugleich den Jureconsultus bildete, kam gleichsam Seele und Leben in jene todten Formen, und wurde sein Werk zur Lektüre für alle, welche sowohl zu seiner Zeit, als nach ihm und in den folgenden Jahrhunderten wahrhafte Redner und Rechtsgelehrten geworden sind.

Es muß uns wohl befremden, daß man die Rhetorik, ja die höheren Wissenschaften sogar, welche so unumgänglich Anwendung erfordern, oft ganz abstract behandelte, doch weit auffallender muß es uns vorkommen, daß man ebenfalls die Pädagogik, deren Wesen durchaus in der Anwendung, in Bildung und Erziehung des Menschen besteht, bloß wissenschaftlich und abstract behandelt hat. Nicht so Plato. Um uns von der Erziehung richtige Ansichten zu verschaffen, bildete er in seinem Staat die künftigen Wächter und Lenker eines Freistaates. Nicht so auch Xenophon. In

Cyropädie stellte er uns den jungen Cyrus vor, wie derselbe durch die Erziehung der Perser zur Regierung über jenes große Reich gebildet worden. Nicht aber so auch um so viel später J. J. Rousseau, als er sein Werk über die Erziehung schrieb. Nie würde dieses Buch so viel Aufsehen erregt, und wirklich damals so viele guten Früchte getragen haben, hätte er dariu nicht einen Emil erzogen und ausgebildet. Stimmt aber all dieses nicht ganz und gar mit der Natur der Sache überein? Es giebt keine wirklich so genannten abstracten Wissenschaften, als jene beiden erwähnten, die Mathematik und Dialektik, und auch diese werden um so wichtiger, je nachdem sie mehr auf die höheren oder praktischen Wissenschaften angewandt werden; keine Wissenschaft hat jedoch nur einigermaßen auf den Men= schen uud die menschlichen Angelegenheiten Bezug, oder sie wird durch eine abstracte Behandlung kalt, trocken unfruchtbar.

Dieses also mag es wohl sein, dieses Zerstückeln der Philosophie, wie es Seneca nennt, aber auch insbeson= dere dieses ungereimte Philosophiren in abstracto, dessen man gewöhnlich und mit Recht die Schulen bei Behandlung der Philosophie beschuldigt hat: und daher rührt es, daß man im vorigen Jahrhundert ins andere Extrem verfiel, und eben so unpassend, auf Kosten der Methoden und aller tiefen Forschung, ja der ganzen Dialektik, die Philosophie populär behandelt wissen wollte. Vor diesem sowohl, als vor jenem hat man sich zu hüten, wenn man sich derselben und mit ihr der Wissenschaften recht befleißigen will. Man muß, ich wiederhole es, wie Sokrates und Plato, verfahren,

Alles tief aus der menschlichen Natur schöpfen und
zwar dieses in der Absicht, um Alles auf den Menschen und die bürgerliche Gesellschaft anzuwenden. Und
wünscht Ihr Leser! zu durchschauen wie uns besonders
auf diese Weise Philosophie zu Weisheit leiten könne,
vergleichet mit jener schulgemäßen Behandlung der Physik, Dialektik und Ethik späterer Zeit, und überhaupt
mit demjenigen, was man damals und in der Folge
für Philosophie zu halten pflegte — vergleichet, sage
ich, hiermit die ursprüngliche Behandlung der Philosophie, die der Philosophie in ihrem ganzen Umfange und zwar dieselbe, wie man vor Alters sagte,
als die Mutter der Künste und Wissenschaften
und Führerinn des menschlichen Lebens.

Nichts ist unvollständiger, nichts zweckwidriger, nichts
unnützer, als eine solche Behandelung der Philosophie in
ihrer Zerstücklung. Man war sogar darüber nicht einig,
von welchem dieser Stücke man ausgehen müsse: Einige
fingen mit der Dialektik, Andere mit der Physik an, wiederum Andere endigten mit der Physik; welches beweist,
wie wenig man in diesen Theilen Uebereinstimmung und
Zusammenhang wahrnahm. Die Stoiker, welche nach
Sokrates und Plato, die Moral für den wichtigsten
Theil der Philosophie hielten und einen Weisen bildeten, diese versuchten es zwar, mit der Moral die beiden anderen Theile in Uebereinstimmung zu bringen;
doch wie wenig gelang ihnen solches! Die Dialektik
durften sie auf ihren Weisen nicht ungeziemend anwenden; mit der Physik ging dieses nicht anders als äußerst
beschwerlich. Und was die Philosophie des Schönen
oder Aesthetik betrifft, ein für allemal war diese, zu-

folge der Zergliederung der Philosophie in drei Theile, von gänzlich derselben ausgeschlossen. Man sieht, wie unvollständig, wie mangelhaft auf diese Weise die Behandlung der Philosophie wurde: man befleißigte sich philosophischer Wissenschaften, doch nicht der Philosophie. Und wie ging es damit in späteren Jahrhunderten? Bei den Scholastikern bestand, wie wir wissen, die Philosophie fast einzig nnd allein aus Dialektik. Derjenige galt für den größten Philosophen, welcher seine Grundsätze nach allen Regeln der Syllogistik am besten zu behaupten wußte. Wer dachte da noch an Philosophie in ihrem ganzen Umfange, als ein für sich bestehendes, den Menschen zum Schönen, Wahren und Guten leitendes Ganze? Descartes, ich gestehe es, stellte die Philosophie wieder her, indem er sie von der scholastischen Theologie befreite; doch wurde sie hierdurch nicht zweckmäßiger, nicht heilsamer für das Interesse der Menschheit behandelt: sie war und blieb, wie er sie auch nannte, die Wissenschaft der Ursachen und wie ließe sich damit Moral vereinigen? Aber überhaupt merken wir, daß, seit Sokrates und Plato, die Philosophie niemals als ein Ganzes, sondern immer theilweise und ohne sichern Gang behandelt worden. Und kein Wunder; denn nachdem sie einmal in Theile zerlegt war, und man diese Theile je einzeln als eben so viele Wissenschaften zu behandeln angefangen, war die Philosophie selbst verschwunden: wenigstens konnte sie nicht mehr selbstständig auf jene Wissenschaften wirken, geschweige, daß sie dieselben für das Menschengeschlecht heilsam und fruchtbar gemacht hätte. Die Bäche vertrockneten, da sie von der Quelle

abgeschnitten waren. Vergleichen wir mit dieser mangel=
haften und fast zwecklosen Behandlung der Philosophie
in späteren Jahrhunderten, wozu die Trennung der Me=
taphysik von der Philosophie noch um so viel mehr beitrug,
vergleichen wir damit, sage ich, die ursprüngliche Be=
handlung der Philosophie, die des Sokrates und Plato,
welcher Unterschied, meine Leser! Unsere ganze Ency=
clopädie, wie wir dieselbe daraus herleiteten, kann hier
abermals zum Beweise dienen. Wir haben nicht ge=
schieden, nicht in Theile abgesondert; sondern unter=
schieden. Auf dem Wege zur Weisheit haben wir
Stufen gezeigt, auf denen man zu Weisheit gelangen
müsse. Die erste war die Philosophie des Schönen und
der Künste, von welcher wir zu der zweiten, der Phi=
losophie des Wahren und der reinen Wissenschaften auf=
stiegen, um so weiter auf die dritte Stufe, die Philo=
sophie des Guten und der höheren Wissenschaften, und
endlich zur höchsten aller Wissenschaften, welcher Art
sie auch immerhin sein möge, der Metaphysik zu ge=
langen. Es ist eine Erholung für den Geist, diesem
stufenweisen Fortschreiten noch einmal absichtlich nach=
zuforschen.

Der Weg der Weisheit.

⸻

Alles was wir uns zum Ziele setzen, Alles was wir
erreichten, entsprach der Grundbedeutung der Wörter,
wÿsgeerte und Weltweisheit, mit deren Erforschung wir eben beschäftigt sind. Mit der Aeußerung
Plato's, welche im Griechischen φιλοσοφία und in unserem wÿsgeerte enthalten, »die Philosophie ist
im Menschen," machten wir einen Anfang; und bei
Untersuchung dessen, was die Philosophie als solche,
als dem Menschen eigenthümlich, auf die Vermögen
der Seele und dereu schönsten Erzeugnisse, die Künste
und Wissenschaften, gewirkt habe, mußte sie uns bald
als Quelle oder vielmehr als Wurzel der Künste und
Wissenschaften vorkommen, aus welcher diese mit all
ihren Zweigen entsprossen, beständig Nahrung und
Kraft ziehen müssen. Wie weit waren wir demnach
nicht entfernt, an zergliederte Stücke ohne ein Ganzes,
an philosophische Wissenschaften ohne Philosophie zu
denken! — So bahnten wir uns den Weg zur Weisheit. Die Stufen, welche wir beim Weiterschreiten in
der Philosophie unterschieden, bezogen sich auf die
Lebensalter des Menschen. Während wir die erste
Stufe, die Philosophie des Schönen betraten, sahen
wir uns alsbald in die Welt der schönen Künste, der

Musik, der Poesie, der Malerei und Bildhauerkunst
versetzt, worin besonders die Musik unsere Aufmerk:
samkeit fesselte. Schnell kamen wir zur Beobachtung
unsers Gefühlvermögens, unsers Gefühls für Eben:
maß und Harmonie: und so sahen wir, wie dieses
Gefühl und mit ihm die schönen Künste, auf das
ganze Leben des Menschen, besonders aber auf seine
Kindheit Einfluß ausüben müsse, damit er einst
desto leichter zu vollkommner Uebereinstimmung mit
sich selbst gelange. Besonders wichtig war uns das
Princip, aus dem, nach Sokrates und Plato, die
Künste ausgeübt werden müssen: Liebe zum Schö:
nen. So erhielt unsere Aesthetik mit diesem Princip
zugleich einen festen Endzweck, wohl unterschieden
von der Bestimmung der schönen Künste. Sie schie:
nen uns zur Ergötzung, zur Veredlung unserer schönen
Anlage und Verschönerung des menschlichen Lebens be:
stimmt zu sein; damit sie indessen diese ihre Bestim:
mung erfüllten, lenkten wir das Auge des Dichters
und des Künstlers auf den hohen Zweck der Künste:
das Schöne.

Nicht so angenehm, doch nicht weniger wichtig war
das Feld, welches hierauf die Philosophie, indem wir
die zweite Stufe erstiegen, unseren Blicken darbot.
Es war das Wahre, womit wir uns beschäftigten.
Auf das Erkenntnißvermögen des Menschen, auf sei:
nen Wahrheitssinn richteten wir die Aufmerksamkeit
und sahen, wie daraus die Wissenschaften, beson:
ders die reinen, wie Mathematik und Dialektik,
entstanden. Alles dieses bezog sich wiederum auf
ein besonderes Lebensalter des Menschen: nicht auf

feine Kindheit: das Kind fingt und tauzt und übet
fich von felbft in den fchönen Künften, ift jedoch zur
Behandlung der Mathematik und Dialektik noch nicht
gefchickt. Erft in der Jugend, der Blüthenzeit des
Menfchen, bekommt er bei Fortfetzung und Vervollkommnung deffen, womit er in den fchönen Künften
begonnen, Luft und Fähigkeit zu unterfuchen, zu erwägen, fich der Wiffenfchaften zu befleißigen. Aber
auch hier unterfchieden wir wiederum den Zweck der
reinen Wiffenfchaften von dereu Beftimmung für
die Gefellfchaft. Die Beftimmung derfelben betrachteten wir, als eine mannigfaltige und fehr ausge-
ftreckte: fie beförderen die wichtigften Angelegenheiten
des menfchlichen Lebens; fie dienen zur Grundlage für
die Behandlung der höheren Wiffenfchaften, befonders
müffen fie dazu dienen, um des Menfchen Wahr-
heitsfinn in feiner Jugend zu erwecken, zu fchärfen,
denfelben richtig zu leuken; um jedoch diefer hohen
Beftimmung zu entfprechen, muß das Ange deffen,
welcher fich derfelben befleißigt, unverwandt, als auf
ihren einzigen Endzweck, auf das Wahre gerichtet
fein. Sehet hier, meine Lefer! die Aefthetik, die Logik
nach den Principen jener alten Philofophie, und wie
diefelben in unferen Sprachen liegen, in ihrem Wefen
und ihrer Kraft, ihrem ganzen Umfange nach vorgetragen.

Dies Alles entfprach dem Sinne unferes wijsgeerte.
Doch, ehe wir von hier zur dritten Stufe beim Wei-
terfchreiten in der Philofophie, zur Philofophie des
Guten und zu den höheren oder angewandten Wiffenfchaften übergingen, unterfuchten wir was Pädq-

gogik, der praktischen Philosophie Anfang sei. Hier
wurde die Philosophie, wie es uns schien, immer mehr
und mehr Weltweisheit. Wir leiteten den Menschen, als Kind und Knaben, gleichsam an der Hand,
um ihn zur höheren Bildung, der des Jünglings vor-
zubereiten und so mit seiner Ausbildung für die Welt
einen Anfang zu machen. Indem wir aber so der
Bahn, welche uns unsere Geleitsmänner Sokrates und
Plato anwiesen, folgten, und uns vor Schulphilosophie zu hüten bemüht waren, blieben wir weit von
populärem das heißt, oberflächlichem Philosophiren
entfernt. Nach ihrem Erkenne dich selbst, suchten
wir den Menschen in seiner Kindheit und Jugend tief
zu ergründen, um desto vollständiger zu begreifen, was
sein Kunstsinn, was sein Wahrheitssinn, und was dem
zu Folge das Band, das natürliche Band des Schönen und Wahren sei. So boten sich unseren Blicken
von selbst die wahren Principien der Erziehung und
Ausbildung der Menschen dar. — Wir stiegen endlich,
nachdem wir alle dieses untersucht hatten, zur dritten
Stufe, der höchsten der Philosophie, empor, und hier
hauptsächlich war es, wo wir recht eigentlich, nach
Weltweisheit strebten. Die höheren oder angewandten Wissenschaften, die physischen, juristischen,
die theologischen, dienen, wie wir sahen, nicht mehr,
wie die reinen, zur Vorbereitung des Menschen, um
einst in der bürgerlichen Gesellschaft thätig zu werden,
sondern zu augenblicklicher Beförderung der wichtigsten
Angelegenheiten des menschlichen Lebens. Hier bot sich
die ganze Welt mit all ihren Tugenden und Lastern,
mit all ihren Erfordernissen, um dasjenige zu sein,

was sie sein müßte, unserer Beobachtung dar: und jetzt
entstand bei uns vorzüglich die Frage, aus welchen
Principien und zu welchen Endzwecken jene höheren
Wissenschaften zum Heil der Welt ausgeübt werden
müßten, insbesondere auch, was der Unterschied zwischen deren Bestimmung und Endzweck sein möchte.

Wozu meine Leser sollte ich hier Alles, dem wir damals mit einander nachforschten, wiederholen? Das
Weltweisheit der Deutschen, so wie es dem Schulweisheit entgegengesetzt ist, führt uns hier, wie mich
dünkt, zu noch klarerer Einsicht der richtigen Auflösung
jener Frage, und was mehr heißt, es setzt uns, wenn
wir nur aufmerksam sein wollen, in Staub, mit Verwerfung alles Mangelhaften, Zwecklosen, und Unbrauch-
baren, was gewöhnlich die Schulen erzeugt haben, uns
so jener Wissenschaftigen zu befleißigen, daß sie der
Welt und deren höchsten Interessen heilsam werden. So
erst können wir, wonach wir beständig streben, vermittelst der Philosophie den Weg der Weisheit wandeln.

Giebt es, denke ich oft, wohl etwas Einfacheres,
als die Philosophie, besonders, wenn man sie dergestalt als Führerinn auf dem Wege zur Weisheit betrachtet? Und was nicht Alles hat man jedoch in den
Schulen aus ihr gemacht! Es ist ihr um Sachen,
die wichtigsten aller Sachen, Mittel zur Weisheit zu
gelangen, zu thun; und waren es nicht meistens und
immerfort Wörter ohne Sinn oder feste Bedeutung,
über welche man in den Schulen disputirte? Ist es
jedoch nicht eben so, denke ich weiter, mit der höchsten
der höheren Wissenschaften, der Theologie, gegangen?
Kann je etwas einfach genannt werden, so ist solches

das Christenthum. Paßt es sich doch für alle Men‍schen ohne Unterschied des Verstandes und der Kennt‍niſſe. Sehen wir indeſſen, was es bald in der grie‍chischen und nachher in der lateinischen Kirche gewor‍den ist. Ganz wie die Philosophie, wurde die Theo‍logie daselbst mehr und mehr schulgemäß. Und wäre es nur noch bei der äußerlichen Form geblieben! Doch in all jenen Systemen der Theologie, jenen menschlichen Erzeugniſſen fehlte zuletzt faſt gänzlich der Geist des Christenthums. Die Theologie wurde zu einer gewiſſen Art Schulphilosophie, wie auch ihrerseits die Philosophie zu einer gewiſſen Art schulgemäßer Theologie. Ueber Beide pflege ich wohl manchmal nachzudenken: und wißt Ihr, meine Leser, zu welchen Folgerungen und Schlüſſen mich solches führt? Es bringt mich auf die Idee einer Wiederherstellung der Philosophie, wie solche vorzüglich in unseren Zeiten erforderlich scheint. Wie nun das Christenthum zur Zeit der Reformation wie‍derhergestellt worden, wiſſen wir; sogar täglich sehen wir, wie es noch immer mehr gereinigt wird. Dieses geschieht und immer geschah es dadurch, daß man es auf seine ursprüngliche Einfachheit zurückführte. Zu dem Zwecke hat man all jenes Schulgemäße, welches nicht dazu gehörte, und es wirklich mehr verdunkelte als aufhellte, verworfen, und durch das Lesen der ursprünglichen Urkunden deſſelben an das Licht ge‍bracht, was es sei und zu welchen Zwecken es dem Menschengeschlechte dienen müſſe. Warum nun, frage ich, nicht eben so gehandelt, um die Philosophie wie‍derherzustellen und durch sie den Menschen auf dem Wege der Weisheit zweckmäßig und beständig fortzu‍

leiten? Die Theologen unserer Zeit befleißigen sich sehr
der Geschichte des Christenthums und der christlichen
Kirche, und je genauer sie dieselbe ergründen, desto
vollständiger durchschauen sie, wie und wodurch das
Christenthum ausgeartet sei. Mögen denn auch dergestalt und in der Absicht unsere Philosophen die Geschichte der Philosophie behandeln! Desto mehr werden
sie bei einem solchen Verfahren die Ursachen aller Irrthümer und all jener verkehrten philosophischen Systeme
entdecken, und desto leichter sich ihr Leben hindurch
davor hüten. Möchten sie aber dann ebenfalls, wie
unsere Theologen die Schriften der ersten Verkündiger
des Christenthums, so auch die Schriften derjenigen,
welche sich zuerst auf die Philosophie legten und
dieselbe beförderten, lesen und ergründen! Sokrates,
der Vater der Philosophie, für welchen man ihn
stets gehalten, hat nichts geschrieben: doch Xenophon,
doch Plato, seine wahren Schüler, diese, und vorzüglich Plato haben in ihren Schriften seine Philosophie
bekannt gemacht: und in diesen Denkmälern der ursprünglichen, der echten Philosophie, zeigt sich diese so,
wie sie wahrlich in der Seele des Menschen vorhanden,
wie sie dem Menschengeschlechte die Mutter aller Künste
und Wissenschaften gewesen, wie sie den Menschen von
Stufe zu Stufe zum Höchsten, wonach wir streben,
emporhebt: in diesen zeigt sich uns die Philosophie auch
überdieß in ihrer ursprünglichen Gestalt, nicht so, wie
sie durch Menschen und Zeiten verstümmelt, verunstaltet, fast unkenntlich gemacht ist, sondern so, wie sie als
ein Ganzes, wie sie rein und lauter, als das schönste
Erzeugniß des menschlichen Geistes ins Leben trat.

Leibnitz, der wahre Philosoph des siebenzehnten Jahr=
hunderts welcher sich beim Studium der Philosophie,
so viel ihm in diesem Jahrhunderte möglich war, über
die Beschränktheit der Schulweisheit zu erheben suchte,
sagte schon zu seiner Zeit, daß man dem Menschenge=
schlechte einen großen Dienst erweisen würde, wenn
man Plato's Philosophie ganz und im Zusammenhang
aller ihrer Theile vortrüge (¹). Wie viel mehr würde
er noch dazu aufgemuntert haben, wenn er jene Phi=
losophie ganz und einzig aus den Sokratischen Schrif=
ten, als den echten Quellen, geschöpft hätte, insbe=
sondere, wenn er bei seinen Sprachforschungen, denen
er einen ganz anderen Zweck verlieh, hätte einsehen
lernen, daß die ganze Philosophie Plato's, dieser Weg
zur Weisheit, in den Sprachen enthalten sei! Dies ist
der Naturweg, würde er gesagt haben; verlassen wir
demnach die Schule, um der Welt nützlich zu werden
oder vielmehr (denn dies beabsichtigte er hauptsächlich)
suchen wir diesem Naturwege zu allererst in den Schu=
len zu folgen!

Genug von der Philosophie. Muß jedoch nicht über=
dieß, könnte man fragen, Religion, muß uns nicht
unser Christenthum, um zu Weisheit zu gelangen, mit
ihrem Lichte bestrahlen?

(¹) Si quelqu'un reduisoit Platon en système, il rendroit un grand
service au genre humaine et l'on verroit, que j'en approche un peu.
Opera, Vol. V. p. 20.

Das Christenthum.

Die Sprachen, muß ich gestehen, könnten uns das Gegentheil vermuthen lassen. Zwei Dinge, Wahrheit und Freiheit, sind nothwendig, um zu Weisheit zu gelangen; und seht doch, möchte man sagen, wie man in den Religionen von Glauben, nie hingegen von Wissen spricht: wie stimmt dieses mit unserer Wahrheitsliebe überein? Dies zuerst: und ferner Gottesdienst, Gottesfurcht, gottesfürchtig, all diese Ausdrücke scheinen Furcht und knechtischen Dienst anzudeuten. Auch trifft dieses wie jenes in den Religionen der Völker ganz zu. Priester findet man in denselben, wo nicht überall? und mit Priestern, Priesterbetrug und Priesterzwang. Daher rührt, außer diesen Wörtern und Sachen, auch Priesterautorität, Priesterherrschaft, Hierarchie, die schlimmste aller Herrschaften, weil es diejenige ist, welche alle Freiheit der That, ja, der Worte und Gedanken aufzuheben trachtet. Ich kann noch mehr hinzufügen. Was in diesen Wörtern enthalten, führt von selbst zur Sittenlosigkeit: und traf man diese nicht wirklich in beinah allen Religionen, früherer sowohl als späterer Zeiten an? Doch, wenn dies Alles wahr ist, wie man es dem Scheine nach vermuthen sollte, wie halten wir es als-

dann mit der Sokratischen Philosophie, welche uns
nicht nur zu Tugend, sondern auch zu Gottesdienst
geleitet hat, und was noch wohl bedenklicher ist, wie
müssen wir es dann mit jenem Gottesdienste halten,
der uns von Ingeud auf gleichsam erzogen und gebildet hat? Sollen wir diesen jetzt, in unserem reiferen
Lebensalter, undankbar verstoßen? Neiu, sagt Ihr,
das wollen, dies können wir nicht. Aber liebe Leser!
Wahrheit muß doch, falls wir zu Weisheit gelangen
wollen, unser erstes Augenmerk sein: und muß nicht
all jeues Erwähnte, trotz Sokrates und Plato, uns
endlich dahin führen, daß wir, um wahre Weisheit zu
erlangen, des Gottesdienstes, daß ich nicht Schlimmeres
sage, doch wohl entbehren können?

Ich stellte diese Bedenklichkeiten hier in ihrer ganzen
Kraft vor, damit wir bei dieser Gelegenheit desto auf-
merksamer würden, wie gefährlich Sprachforschungen
seien, wenn ihnen keine gründliche Untersuchung der
Sacheu zum Grunde liegt. Nichts Unbestimmteres, nichts
Eiteleres, auch nichts oft der Wahrheit mehr Wider-
streitendes, als was sie dermaßen der Welt aufge-
bürdet. Daher die Etymologien aller Zeiten, welche
im Durchschnitte den Wissenschaften mehr schädlich, als
förderlich gewesen sind. Sachkenntniß muß zu Grunde
liegen: und ich fürwahr würde mich nie daran gewagt,
was sage ich, ich würde nicht im entferntesten daran
gedacht haben, um so absonderlich auf Wörter und
Ausdrücke zu merken, wenn ich mich nicht von Jugend
auf der Sokratischen Philosophie befleißiget hätte. Nnn
führte mich Erkenntniß, tiefere Erkenntniß der menschlichen Natur von selbst auf Sprachforschungen. Und

so nun, wie ich glaube, wird es uns auch ergehen, wenn wir die Frage, ob nicht Religion und zwar namentlich unser Christenthum, uns insbesondere zu Weisheit führen müsse, beantworten werden. Ohne Kenntniß des Christenthums, welches einzig Gottesdienst genannt zu werden verdient, würde, wonach wir strebten, aus den Sprachen diese Frage aufzulösen, vergebliche Mühe sein; aber auch desto wichtiger werden uns meines Erachtens, je tiefer wir in den Geist desselben eindringen, all jene Bedenklichkeiten vorkommen, desto mehr werden wir uns auch aus den Sprachen überzeugen, daß wir uns durch das Christenthum noch viel mehr als durch die Philosophie der Weisheit nähern können. Im Laufe unserer Untersuchung wird uns dieses wohl von selbst einleuchten.

Ehrerbietung sowohl, als Gottesdienst finde ich in den Sprachen, und, irre ich mich nicht, so wird uns dieses Wort erklären, was der Sinn unseres Gottesdienst, unseres godvreezenheid und des Deutschen Gottesfurcht sei. Dieser Dienst, diese Furcht entsteht aus Ehrerbietung. Beide werden durch das Lateinische cultus und noch vollkommner durch unser Ehrendienst, vereinigt. Gottesdienst ist demnach kein Sclavendienst, Gottesfurcht keine Sclavenfurcht: Beide bestehen in Verehrung: ja, was mehr heißt, Gottesliebe werden sie von den Deutschen genannt: und sehet hier das Sokratische Princip alles Gottesdienstes: Liebe zu Gott. So erhält Gottesdienst für uns, wie mich dünkt, schon einiges Interesse. Doch fahren wir fort: wie beschaffen, welcher Art und Natur ist diese Liebe des Menschen zu Gott?

Das Lateinische pietas macht uns dessen völlig be=
wußt. Es bezeichnet Gottesfurcht, Frömmigkeit, ist
aber der der Liebe der Kinder zu ihren Aeltern eigen=
thümliche Ausdruck. Gottesdienst läßt uns also die
Gottheit so verehren, wie Kinder ihren Vater, ihre
Aeltern, das heißt mit kindlicher Liebe: und die Idee
des pietas ist fortwährend in allen Religionen der
gesitteteren Völker die herrschende gewesen. Schou die
Namen Jupiter, Δημήτηρ zeigen uns dieses deut=
lich. Zeus heißt beim Homer πατὴρ ἀνδρῶν τε θεῶν τε,
der Menschen und Götter Vater, und so tritt
auch der Götter höchster, wie kindlich auch vorgestellt,
in dessen Gesängen in Wort und That, als Vater
auf. Was könnte man hier nicht Alles aus der gan=
zen Mythologie der Griechen, aus dem Dienste des
Bacchus, Liber Pater von ihnen benannt, aus dem
der Ceres und Proserpina, besonders der Bona ma=
ter, welche vorzüglich die Römer so feierlich verehr=
ten, hinzufügen! Alles, so zu sagen, Entwicklung der
Idee, welche pietas, la piété, the piety, Pietät,
bezeichnet. Es ist eine schöne, mit Recht in seiner
Schule berühmte Aeußerung Plato's, wenn er über
die Verehrung der Hausgötter redend, dafür nicht nur
die leblosen Statuen, sondern insbesondere die Aeltern
hält. »Wer irgend," sagt er, »Vater, oder Mutter,
oder Großältern besitzt, glaube nicht, daß er irgend
ein Götterbild mehr, als diese verehren müsse. Ueber
Alles muß er diese, als seine lebendigen Haus=
götter mit Ehrfurcht behandeln und verehren." Aber
eben diese Aeußerung Plato's ist deßhalb so schön,
deßhalb so berühmt, weil sie ganz mit der ursprüng=

lichen Idee des Gottesdienstes, wie dieselbe in den
Sprachen und der menschlichen Natur erscheint, über=
einstimmt, und diese Idee anschaulich darstellt.

Die Sprachen müssen sich selbst erklären, wie eben=
falls der Sprechende selbst der Exeget seiner Worte ist.
Mit Verehrung, mit Liebe, mit Liebe und Ehrerbietung,
wie man diese für die Aeltern hegt, ist jener Dienst
jene Fnrcht verbunden, und so weit, wie wir nun
sehen, ist Gottesdienst davon entfernt, den Menschen
zu entmuthigen und zum Sclaven zu machen, daß ihn
derselbe vielmehr mit Begeisterung erfüllt, zu Freude
und Frohsinn erhebt: zum Beweise dienen die Feste, die
fortwährend allen Religionen eigenthümlich gewesen, und
im Sinne unseres feest vieren (feiern), mit Fröhlich=
keit verbunden waren.

Gottesdienst streitet demnach nicht wider unseren na=
türlichen Trieb zur Freiheit, welcher, um zu Weisheit
zu gelangen, so erforderlich ist. Aber jenes Glauben,
welches mit dem Gottesdienste so innig verbunden ist,
streitet dieses nicht wider nnsere Wahrheitsliebe, ja
wider die Philosophie selbst, da es doch etwas ganz
Anderes, als Wissen ist? So scheint es, und so lange
man Philosophie für Metaphysik und demnach für Wis=
senschaft hält, läßt sich an keinen Vergleich derselben
mit dem Gottesdienste deuken. Doch die Sprachen ha=
ben uns gezeigt, das φιλοσοφία und wijsgeerte nicht
Wissenschaft, sondern Trieb zu Kenntniß und Wissen=
schaft sei: und so führen uns wiederum die Sprachen
zur Wahrnehmung, daß Glauben keinesweges mit
diesem Triebe zu Kenntniß und Wissenschaft streite.
Glauben unterscheiden wir sehr richtig, einerseits von

bijgeloof (Aberglauben) andererseits von Unglau=
ben. Wer in eines dieser beiden Extreme verfällt, maßt
sich dem Sinne der Ausdrücke zufolge das Wissen
an: der Abergläubige, indem er nichts von dem, was
er glaubt, als ob er solches wisse, sicher wisse, nach=
forschen will; der Ungläubige, indem er sich vermessen
rühmt, Alles wissen zu müssen. Glaube jedoch, der
zwischen diesen beiden Extremen mitten inne liegt, ist
mit Ueberlegen und Untersuchen, mit Trieb zu Kenntniß
und Wissenschaft und demnach mit Philosophie verbun=
den. Wichtig ist es meine Leser! hier dieses wahrzu=
nehmen. Glauben, welches so innigst mit Gottesdienst
verwebt ist, ist es gerade, was uns den Gottesdienst
auf dem Wege der Weisheit so unumgänglich nöthig,
ganz unentbehrlich macht. Es treibt uns zum Stre=
ben, eifrigen, unaufhörlichen Streben nach Weisheit
an. Und lehren uns dieses die Sprachen, so sind wir
es vorzugsweise, wie ich erwähnte und es in Allem
geht, der Sachkenntniß, der Ergründung des dem
Christenthume eigenthümlichen Geistes schuldig. Der
Abergläubige nimmt, wie wir auch außerdem wissen,
Alles an, sei es wahr oder unwahr, wahrscheinlich
oder unwahrscheinlich, höret nicht auf die Stimme der
Vernunft, ja hält es sogar für etwas Verdienstliches,
gerade dasjenige zu glauben, was wider den gesunden
Menschenverstand am meisten streitet: nach der Lehre
und dem ganzen Geiste des Christenthums aber strebt
derjenige, welcher glaubt, zugleich nach Kenntniß des=
sen, was er bisher glauben, womit er sich bisher hat
begnügen müssen: er sucht täglich in Erkenntniß desselben
Fortschritte zu machen, obgleich er es noch beständig

im Helldunkel sieht, und hofft einst, wann dies auch
geschehe, zu klarem Begriffe, zu Anschauung desselben
zu gelangen. Dies ist in unserem Christenthume,
und, nach deffen Anweisung, in den Sprachen, das
Merkmal des Glaubens, wenn man ihn vom Aberglauben unterscheiden will. Jener übersteigt unsere
Vernunft, die Vernunft faßt noch nicht, während Aber-
glaube mit der Vernunft streitet, sich wider die Vernunft erhebt. Wer glaubt, greift um sich, ob er in
dem Helldunkel zu einigem Wissen gelange, der Abergläubige aber ist blind und unwissend, und will es
bleiben.

Und so werden wir von selbst auf dasjenige aufmerksam gemacht, was bereits die Alten darüber auf-
gestellt haben, und mit ihrem μυϛήρια auszudrücken
und anzudeuten strebten. Dieses Wort stammt von
μύω her, welches eigentlich mit halb geschloffe-
nen Augen sehen bezeichnet. So verhielt es sich
auch damals mit der Lehre der Unsterblichkeit und den
übrigen Geheimnissen: man durchschaute dabei noch
nicht hell und deutlich, sondern glaubte davon etwas
zu ahnen, zu fühlen, zu merken: man stellte sich solches
unter Bildern und Aeußerungen vor, mit einem Worte:
man sah gleichsam mit dem Geiste, aber mit noch
fast geschlossenen Augen: der Anfang, um einst Alles
mit geöffneten Augen zu schauen. So ist das Glauben im Christenthum beschaffen: es ist der Anfang
klarer Anschauung, wozu man erst nach diesem Leben
wird gelangen können. Sollte man nicht behaupten,
meine Leser! daß Glauben und Wissen nicht nur keinen
Widerspruch bilde, sondern jenes vielmehr den Weg

zum Wissen und zu Weisheit bahne. Immer deutlicher
wird es mir, daß unser Christenthum uusere Philosophie
erleuchte, und uns wahrlich nicht weniger, ja selbst
noch mehr zur Erlangung der Weisheit beförderlich sein
könne. Es scheint als ob wir durch dieses Gefühl getrieben, unseren Gottesdienst Vernunft-Religion genannt haben.

Doch noch etwas, bevor ich dieses dem Cristenthume
Eigenthümliche, das Glauben, verlasse. Was Glaube
für uns im moralischen, im praktischen Sinne sei,
drückt solches das Lateinische fides nicht vollkommen
aus? Es ist Vertrauen, wie wir uns häufig in Gesprächen äußern: »ik vertrouw, daß dem so ist, sehe
ich es auch noch nicht völlig ein: oder auch wohl
und vorzüglich, wenn wir, vom Vertrauen auf die
göttliche Vorsehung reden. Es ist acquiesco, ik be-
rust er in und dieses Vertrauen, dieses acquiescere
besteht in jener inneren, jener festen Ueberzeugung,
welche gleich viel, und noch mehr bei uns gelten muß,
als das sogenannte Wissen der Philosophen. Dieses,
meine Leser! gehört, meines Erachtens, wohl vorzüglich zum Wesen unseres Christenthums.

Aber jene Priester, sagt Ihr, jener Priesterzwang,
jene Priesterherrschaft, welche man sowohl in der
christlichen Welt, als anderswo, angetroffen und noch
antrifft, sind diese nicht vielmehr Hindernisse, als
Hülfsmittel, um auf dem Wege zur Weisheit Fortschritte zu machen? Wohl sind sie das, lautet unsere
Antwort; bürdet jedoch dies Alles nicht dem Christenthume, sondern weit eher dessen Ausartungen auf. Die
Sache verhält sich vielmehr so, daß es gerade das Christen-

thum und einzig und allein dieses ist, was uns seiner Beschaffenheit und Natur nach von all jenem Zwange befreien muß. Hat es doch, seiner Aussprache gemäß, augenblicklich, da es im Menschengeschlechte auftrat, sowohl Priester als Opfer, und Alles, was dem noch kindlichen Menschengeschlechte eigenthümlich war, verworfen, damit der Mensch, jetzt gleichsam erwachsen, frei und selbstständig denke und handele. Jeder, hieß es, ist sein eigener Priester, ist sich selbst und Gott aber keinem Sterblichen auf Erden, wer und was er sein möge, von seinem Glauben und Denken Rechenschaft schuldig. Durch nichts konnte sich der Mensch seiner Würde als Mensch mehr bewußt werden, nichts mußte ihm dringender die Verehrung der Menschheit im Nebenmenschen anempfehlen. Daher denn auch so viel Gutes und Schönes, so viel Edles und Erhabenes, welches vermittelst des Christenthums allmählig im menschlichen Leben hervor trat; denn wer so dachte, nach diesen Grundsätzen erzogen und gebildet war, wie konnte der Sclaverei im Menschengeschlechte dulden? Wie mußte dieser nicht die Freiheit jedes Menschen, sei es eines Sclaven, oder Königs, vertheidigen und handhaben! Die Lehre der wahren, der persönlichen, individuellen Freiheit breitete sich erst jetzt über das Menschengeschlecht aus: und wie mußte diese nicht auf Staatsverfassungen, auf alle Principien des gesellschaftlichen Lebens, zur Erhebung und Veredlung sowohl der Völker als Menschen wirken.

Nach Anleitung der Sokratischen Philosophie suchten wir oben aus der Wörter Bedeutung zu erklären, was

doch wohl sittliche Freiheit, sittliche Selbstständigkeit,
sittliche Vervollkommnung sei. Was dünkt Euch jetzt,
meine Leser? Fühlen wir all dieses jetzt nicht bei weitem
tiefer, nachdem wird den wahren Geist des Christenthums haben zu ergründen suchen? Uns ist, dünkt
mich, als ob wir das Reich der Wahrheit und Tugend
nicht nur vor Augen sehen, sondern in dasselbe auch
wirklich eintreten, ja hier sogar wird es uns deutlich,
wie sich dieses Reich über das ganze Menschengeschlecht
ausbreiten könne und müsse.

Aus den Sprachen wurde uns deutlich, was der
Mensch als sittliches Wesen sei, wie er als solches
zur höchsten Vervollkommnung gebildet werden müsse,
und welchen Einfluß die Liebe auf seine Sittlichkeit
ausübe. Dies Alles liegt nicht weniger in den Principien des Christenthums, als in der menschlichen
Natur und in deren Dolmetschern, den Sprachen.
Nach dem Christenthume aber schöpfen wir es noch
tiefer aus dem Wesen des Menschen, und darum führt
es uns zu Begriffen, welche auf alle Menschen, auf
das ganze Menschengeschlecht angewandt werden können. Man vernimmt hier von einer Erneuerung
des Menschen, vom Erhalten einer neuen Natur,
vom Ausziehen des alten und Anziehen des
neuen Menschen: und dieses bezieht sich nicht auf
besondere Geistesfähigkeiten, worin Einer den Anderen
übertrifft, und durch welche sich Einige über Andere
erheben. Im Gegentheil: es setzt im Menschen die
höchste, ja gewisse kindliche Einfalt voraus. »Wo
ihr nicht,« heißt es hier, »werdet wie der Kinder
eines, könnt ihr nicht in das Himmelreich eintreten.«

Dieser Spruch ist also nicht nur für Kluge, für Ge-
bildete und Gelehrte, für Weise, sondern auch für die
Menschen überhaupt, welche sie auch sein mögen, und
gerade den Einfältigen und Geringsten am leichtesten
zu befolgen. Davon weiß die Philosophie nichts,
welche sich durchaus für den edleren Theil des Menschengeschlechtes eignet. Daburch aber insbesondere,
ist das Christenthum nach seiner Natur und Tendenz
so recht geschickt, im ganzen Menschengeschlechte die
besten Principien zu erwecken und das Reich der Wahrheit und Tugend über den Erdboden auszubreiten.

Während wir dergestalt all dieses untersuchen, muß
es uns endlich zur Folgerung führen, daß, wenn es
uns um Weisheit zu thun ist, wir nicht tief genug in
das Christenthum eindringen können. Wahrlich in
demselben ist Philosophie, höhere als die menschliche,
und zwar solche, welche einzig uns den Zutritt zur
Weisheit verschaffen kann, enthalten. Leser! so lange
haben wir über die Schule des Sokrates und Plato
gehandelt, welche in Wahrheit dazu diene, um das
Menschengeschlecht einstens zu Weltweisheit zu führen, aber nehmen wir all dieses hinsichtlich des Geistes
und des Endzweckes unseres Christenthums in Anmerkung, werden wir nicht endlich eingestehen, daß einzig
und allein das Christenthum, dem Menschengeschlechte
die wahre Weltschule sei, um zu Weisheit zu gelangen?

Die Weisheit.

—

Mit raschen Schritten näheren wir uns dem Ende
unserer philosophischen Forschungen; doch zur Beantwortung der drei aufgestellten Fragen, besonders dieser
letzteren, bleibt uns noch die Erörterung eines Punktes
übrig, welchen wir zwar als bekannt vorauszusetzen
pflegen, der jedoch wohl eine besondere Untersuchung
verdient, was wir nämlich unter Weisheit zu verstehen haben, oder was vielmehr der in Weisheit
enthaltene Grundbegriff sein möge.

Das Lateinische sapientia zeigte uns, was dazu
gehöre, um in Weisheit zuzunehmen, ja, um den Namen, den höchsten Ehrennamen eines Weisen führen
zu können: und solches muß uns fürwahr nicht gleich-
gültig sein, um den Sinn unseres wijsgeerte, und was
wir unter wijsgeerte zu verstehen haben, genau zu
begreifen. Ferner hat uns auch das Deutsche Weltweisheit in den Staub gesetzt, die wahre Weisheit
von aller Schulgelehrsamkeit zu trennen, und uns der
Philosophie zu Erlangung derselben zweckmäßig zu bedienen. All dieses vermag uns jedoch keine Kenntniß
von dem in Weisheit enthaltenen Grundbegriffe zu
verschaffen. Dieser ist, wie ich glaube, nicht weit her-
zuholen. Er liegt in unserem wijsheid selbst, welches

dem Deutschen Weisheit entspricht: und dieses stammt
von Wissen, weten her. Und so hätten wir ja grade
dasjenige in unseren Sprachen, was zu jeder Zeit die
Philosophen vorzüglich unter Weisheit verstanden ha=
ben. Es war Wissen, sichere, unfehlbare Wissenschaft.
Aristoteles schrieb ihr insbesondere die Kenntniß der
Ursachen aller Dinge zu, was so viel als All=
wissenheit bezeichnet. Daher der Anfang der alten
Definition der Philosophie lautet: die Weisheit ist
die Wissenschaft aller göttlichen und mensch=
lichen Dinge: Philosophie, das Streben dar=
nach. Daher die Metaphysik älterer und neurer Zeit,
welche in Wissen besteht, die höchste aller Wissenschaften.
Kein Wunder also, daß man sich die Weisheit, auf
einem steilen Felsen, dessen Spitze in den Himmel reiche,
thronend, vorzustellen pflegte.

Weisheit ist also das Höchste, wonach der Mensch
streben kann. Plato schrieb sie wohl weislich der Gott=
heit, mit Ausschluß aller anderen Wesen, zu. Und
fragte man stets, wie man zu ihr gelangen, wie den
steilen Felsen erklimmen, wie man sich gleichsam über
die Erde zum Himmel aufschwingen müsse; hat man
sehr richtig, wie uns deutlich wurde, in der Sofrati=
schen Schule gelehrt, daß der Weg der Philosophie
dorthin geleite, daß uns diese bei der Beschäftigung
mit den schönen Künsten, den reinen und besonders
den höheren Wissenschaften, deren höchste die Theologie
ist, als auf eben so vielen Stufen, erhebe. Wir kön=
nen nun hinzufügen, was der Sofratischen Schule
noch unbekannt geblieben, wie sehr uns dazu das
Christenthum verhelfen könne. Aber, wie wir meine

Lefer! all dieses in unserer Encyclopädie ausführlich
aufzuhellen suchten, können wir so auch nicht vermöge
unserer, in der alten Philosophie und unserem Christenthume gegründeten Sprachforschungen, auf eben dem
Wege fortschreiten, damit wir eben diese Höhe ersteigen?
Hier, bei Beendigung derselben, ist, dünkt mich, der
Ort, um dieses nochmals mit einander zu ergründen.

Alles, wonach wir forschten und immer mehr zu entdecken glaubten, bezog sich, wo ich nicht irre, hauptsächlich auf das Wissen. Wie man dazu gelangen
könne, und zwar ohne hin und wieder zu fehlen, war
in jener ganzer Untersuchung unsere Hauptfrage. So
waren es alsbald, da wir fragten, wie der Mensch
zu Wahrheit gelange, die schönen Künste, welche unsere
Aufmerksamkeit auf sich zogen: durch einige Wörter
jedoch, wie falscher Geschmack und dergleichen,
wurden wir bald inne, daß es Wahrheit sei, wonach wir, bei deren Behandlung, immerfort streben
müssen: und so geriethen wir ferner auf die Untersuchung, wie wir zu Sachkenntniß, das heißt, zu Wissen
und dermaßen zu Wahrheit gelangen müssen. Eine
Reihe Wörter, wie wir uns erinneren, führte uns
allgemach aufwärts, wie Wahrheitsliebe, Wahrheitssinn, Sinnwerkzeuge, urtheilen, faffen,
rede, Denkbild und andere mehr; am weitesten jedoch
in der Lehre der Wahrheit, um zu Wissen, zu sicherem
Wissen zu gelangen, führte uns jenes ursprüngliche
Wort der germanischen Sprachen, welche sich gleichfalls in den Redensarten aller Sprachen vorfindet:
urtheilen. Es brachte ein uns auf Plato's Scheiden
und Verbinden, ja auf die Natur-Dialektik, welche

durch Scheiden und Verbinden zur Erkenntniß der Wahr=
heit leitet. Dergestalt stiegen wir von den schönen Kün=
sten zu den reinen Wissenschaften auf, und erreichten die
zweite Stufe auf dem Wege zur Weisheit, worauf wir
die Frage: Was ist Wahrheit? beantworteten, und
erlangten so Eingang ins Reich der Wahrheit.

Gleichfalls aber blieb, indem wir ferner untersuch=
ten, wie der Mensch zu Tugend gelange, das Wissen,
als das Ziel seines beständigen Strebens, der Haupt=
gegenstand unserer Untersuchung. Durch die Sprachen
sowohl, als Plato's Philosophie, betrachteten wir jetzt
den Menschen aus einem anderen Gesichtspunkte. Bis=
her war er uns thätig vorgekommen; jetzt schien er
uns leidend. Die Wörter πάθη, Leidenschaften,
Rührungen, Affecte, passions, hartstogten, beson=
ders das Lateinische desiderare und unser Sättigen
der Begierden, zeigten uns, wie er ein leidendes
und zugleich bedürftiges Wesen sei: so lernten wir aber
auch die Natur der Liebe ergründen, wie sie aus Be=
dürftigkeit entspringe, zugleich aber, bei Befriedigung
der Bedürftigkeit, im Menschen hohe Kraft entwickle.
Die Fabeln des Alterthums erklärten uns noch näher,
was uns aus den Sprachen eingeleuchtet, und so wurde
in unseren Angen die Liebe zum Princip der sittlichen
Kraft im Menschen, woher bei uns die Frage entstand,
ob für uns, um zu Tugend zu gelangen, die Liebe nicht
hinreichend sei. Hier betrachteten wir den Menschen
überhaupt, als sittliches und zugleich als verständiges
nnd mit Vernunft begabtes Wesen. Was wir aus
unserem rede hergeleitet hatten, wandten wir hier auf
die Sittlichkeit des Menschen an. Kopf und Herz

brachten wir nach den Ausdrücken und Anweisungen der Sprachen in Wechselwirkung: Wie Ihr Euch erinnert, meine Leser! kam uns, der Mensch, nach seinen eigenen Ausdrücken Men schlich keit und Mensch heit, als solcher vor, der sowohl durch Vernunft geleitet werde um zu wissen, was wahr oder falsch, gut oder böse, Recht oder Unrecht sei, als auch durch Liebe zum Wahren, zum Guten und Rechten, zu Tugend angetrieben. Beantworteten wir, frage ich, dergestalt nicht schon einigermaßen die Frage, wie wir einst zu Weisheit gelangen sollen?

Keine Weisheit ohne Wissen, wie weit uns auch das im Lateinischen sapientia Enthaltene, führen kann. Aber dieses Wissen, wie es unser Weisheit ausdrückt, bezieht sich insbesondere auf die Hauptgegenstände der höchsten aller Wissenschaften, die Seele, die Welt und die Gottheit. Unmöglich kann man sich demnach so hoch erheben, wenn man nicht zu Wahrheit wie auch zu Tugend gelangt ist. Auch Tugend wird dazu erfordert; denn was nützte uns wohl unser Urtheil, was unsere Vernunft, wenn wir durch unsere Neigungen und Leidenschaften hin und her geworfen würden? Tugendstärke, wird dazu erfordert, um fortwährend von unserer Vernunft Gebrauch zu machen und vernünftig zu handeln. Stimmt aber unser Herz und Kopf vollkommen überein, so daß wir in Wahrheit selbstständig sind, dann, ja dann allein können wir ins Reich der Wahrheit und Tugend eintreten, und daselbst, in wie weit es dem Menschen, in diesem und in jenem Leben möglich ist, zum Tempel der Weisheit dort oben Eingang finden.

Die Philosophie der Sprachen.

———

Und jetzt noch zum Schluß über die Philosophie der Sprachen, den Gegenstand dieser Schrift, Folgendes. Ich habe mit meinen Lesern einen langen Weg gemacht; aber was wir näher beleuchten mußten, wie wichtig war es! Es bezog sich unmittelbar auf des Menschen Erziehung und Bildung, und demnach auf die wichtigsten Angelegenheiten der Menschheit. Und, hatten uns die Anfangsgründe der wahren Encyclopädie gezeigt, daß wie die reinen Wissenschaften uns zu Wahrheit, die höheren zum Guten, zu Tugend und Sittlichkeit erheben sollen, so waren es diese Sprachforschungen, die uns weiter, zum höchsten Endzwecke aller Wissenschaften, zur Weisheit leiteten. Wie auch immerhin der Erfolg unserer Bestrebungen für Andere sein möge, wird es uns selbst stets hinreichend befriedigen, daß wir, weit entfernt uns etwas anzumaßen, oder auf gewagte Hypothesen gestützt, verwegen zu folgern, uns einer einfachen Beobachtung und Wahrnehmung befleißigten. Wir haben den Menschen, so zu sagen, erforscht, wie die Naturforscher die Natur zu erforschen pflegen, damit wir entdeckten, was in ihm verborgen sei. Die Sprachen, daß ich mich so ausdrücke, ließen ihn unsere Fragen beantworten: und so trat die Phi-

losophie, welche in ihm liegt, von selbst ans Licht: ja
was mehr heißt, so wurde es uns klar und deutlich,
wie die wahre Philosophie aus seinen natürlichen Aus=
drücken zu schöpfen sei, und uns diese zum Reiche der
Wahrheit, wie auch zum Reiche der Tugend führen
müsse. Doch auch hierbei blieben wir nicht stehen.
Ergründung des Geistes des Christenthums hat uns
auf Glauben, und was dieses dem Ausdrucke der
Sprachen gemäß, als die Mitte zwischen Aberglau=
ben und Unglauben, sein möge, gebracht. So lern=
ten wir insbesondere einsehen, nicht nur, daß der Sitz
der Weisheit, jener hohe, steile Felsen, im Reiche der
Wahrheit und Tugend seine Grundlage habe, sondern
auch, daß, ohne mit Glauben einen Anfang zu machen,
Weisheit in wahren Sinne des Wortes dem Menschen
unerreichbar bleibe.

Anderen, welche ihrer Einbildungskraft so gerne
freien Spielraum lassen, und Alles was ihnen dermaßen
wahr geschienen, mit Beweisen zu befestigen trachten,
mag diese Methode mißfallen; uns wurde es deutlich,
daß man bei diesem Beobachten und Wahrnehmen, bei
diesem Erforschen des Menschen selbst, zwar langsam
fortschreite, doch so. auch in der That, anstatt Trug=
bilder, Wahrheit entdecke. Wir folgten auch, indem
wir so handelten, der Methode der Natur. Diese will
nicht, daß man sage, so muß es sein, und, darum
ist es so; sondern umgekehrt: sie läßt uns mit der
Frage: wie ist es? einen Anfang machen, damit wir,
nach genauer Ergründung desselben, weiter fragen:
warum ist es so? ist es auch unumgänglich nö=
thig, daß es so ist? muß es so sein? So fängt

man, wie bei jeder Unterfuchung und Wahrnehmung,
a posteriori an, um endlich auf ein nothwendiges a
priori zu kommen. Es iſt ein erhabenes, ein kühnes
und ganz für große Genies geeignetes Unternehmen,
eine Sprache a priori darzuſtellen und daran die
vorhandenen Sprachen zu prüfen; aber diefe Erzeugniſſe der Einbildungskraft find der Philofophie noch
niemals fruchtbar geworden. Unterläßt man jedoch
diefes Darſtellen, und beginnt man, wie Sokrates und
Plato, mit Unterfuchen: begnügt man fich zuerſt mit
einem allgemeinen Sprachbegriffe, welcher zu allen Un-
terfuchungen erforderlich iſt, und fucht man alsdann
ferner, wie wir es, nach dem Leitfaden der Platonifchen
Philofophie machten, in allen Sprachen Wörter auf,
welche Naturbegriffe enthalten, fo findet man, zwar
nicht dasjenige, was jene großen Denker verlangen,
eine Sprache a priori, fondern etwas Anderes, und
was der Philofophie die herrlichſten Früchte bringt:
den Naturweg nämlich, um zu Wahrheit, Tugend und
Weisheit zu gelangen. Und, was jene höhere, jene
transcendentale Behandlung der Sprachen betrifft, irre
ich mich vielleicht, wenn ich behaupte, daß man nur
durch diefe einfachen, doch beſtändigen Forfchungen und
Wahrnehmungen in den Sprachen einſt zum Begriff,
dem deutlichen und vollſtändigen Begriff einer allgemeinen Sprache, oder, nach Belieben, einer Sprache a
priori gelangen könne. Aber begnügen wir uns, meine
Lefer! fürs erſte noch mit dem, was wir entdeckt haben; oder laßt uns vielmehr Jeden, und Philofophen
insbefondere anfeuern, um an unferen Forfchungen Theil
zu nehmen. Wie wir hier fortgefetzt, was fchon Plato

zu seiner Zeit, und in späteren Jahrhunderten so
Viele, wie ein Leibnitz, Michaelis, Rousseau, Fr. Hemsterhuis, ein Herder, Adam Smith und jene ganze
schottische Schule, begonnen haben, so mögen Andere
wiederum fernerhin in nnsere Fußstapfen tretend fortschreiten; und die Sprachen immer tiefer und in größe-
rem Umfange erforschen. Es läßt sich hierin noch Vieles
thun. Wir merkten nur auf Wörter, worauf uns Plato's Philosophie brachte, unbekümmert, ob sie unmittelbar aus der Entwicklung der Seelvermögen des Menschen, oder ob sie aus Umständen, durch Menschen und
Zeiten entstanden. Diese muß man fernerhin genau
zu unterscheiden trachten: desto mehr werden Erstere
als reine Naturbegriffe hervortreten, und auch desto
mehr uns Letztere zeigen, wie in diesen Erzeugnissen
der Menschen und Zeiten, die Natur hervorleuchte.
Unser Philosophie z. B. und auch unser wijsgeerte
haben wir Pythagoras zu verdanken: auch kounte dieses
wohl kein Erzeugniß der noch rohen Menschen und Völker
sein; doch die Grundlage des durch Pythagoras gebildeten Wortes, war vor ihm schon in seiner Sprache
vorhanden: der Begriff nämlich von Liebe zu Kenntniß
und Wissenschaft, der Begriff, wie sich Cicero ausdrückt, des amor cognoscendi, sapientiae studium.
Dies lag im ursprünglichen μάω, welches begehren,
aber auch lernen bezeichnet, wie aus dem Lateinischen
amo und dem von μάω abstammenden μανθάνω, μάθημα,
μάθησις erhellt. Daher rührt es denn auch, daß das
Pythagorische φιλοσοφία, als in der Natur begründet,
bei allen cultivirten Völkern zu jeder Zeit in Gebrauch
geblieben. Merkwürdig ist es jedoch auch andrerseits,

Erzeugnisse der Zeiten gewesen, durch höhere Ausbildung des Menschengeschlechts eine andere und höhere
Bedeutung erhalten haben. Ich beabsichtige hier besonders jenes andere Wort, dessen sich die Deutschen für
Philosophie bedienen, Weltweisheit. Im Mittelalter bezeichnete man damit die sapientia saecularis,
welche man der sapientia divina entgegensetzte. In
den Klöstern, dem Sitze, wie man meinte, der göttlichen Weisheit, wie auch in den Schulen der Theologie
sah man verächtlich auf die eitele Weisheit der Welt
herab; aber, je nachdem die sogenannte eitele Weisheit
der Welt in der That Weisheit wurde, und sich über
die eingebildete Schulweisheit erhob, je nachdem sie
außerhalb des engen Bezirkes der Klöster und Schulen
auf die Welt heilsamen Einfluß ausübte, erhielt jenes
Weltweisheit auch allmählig eine günstigere Bedeutung, so daß wir es endlich jetzt dem Schulweisheit
entgegensetzen. Engel, wie es scheint, durfte es noch
nicht in dem Sinne auffassen, worin man es seitdem
zu gebrauchen pflegt. Er nannte sein Werk: Der Philosoph für die Welt. Da es jedoch so genau bezeichnet, was Krug von unserem Jahrhundert sagt:
»Die Philosophie hat aufgehört, ein aus-
schließliches Eigenthum der Schule zu sein,«
muß es nothwendiger Weise in der Folge immer mehr
dasjenige ausdrücken, wonach wir so eifrig streben.
Verba valent usu, sagte vor Alters Horaz: und in
den meisten Wörtern nimmt dieser usus, bei um sich
greifender Cultur, an Gewicht und Erhabenheit zu.
So leuchtet denn darin zuletzt, wie auch deren erste
kunstgerechte oder wissenschaftliche Bedeutung gewesen

sein mag, die natürliche Kraft hervor. All dieses
erfordert noch tiefere Forschungen in den Sprachen,
als wir unternommen; was aber wäre für den Philosophen wohl anziehender? Sind doch die Sprachen
Spiegel der menschlichen Seele: und ich erinnere mich
nicht, je das Werk eines großen Philosophen, sowohl
älterer, als neuerer Zeit, gelesen zu haben, worin
ich nicht hin und wieder durch den Sprachgebrauch
erklärte oder begründet Begriffe antraf. Sprachstu-
dium, pflegte unser Tiberius Hemsterhuis zu sagen,
ist Philosophie: grammaticae studium philosophia est.
Wie hat er auch nicht, wie hat nicht seine ganze
Schule für Erforschung der Analogie der alten Sprachen gewirkt, und was ließe sich hierin nicht noch für
die Anwendung der Sprachen auf die Analogie der
Begriffe des Menschen bei seiner geistigen Entwicklung
thun! All diese tieferen Forschungen in den Sprachen
liegen jedoch außer dem Kreise, den wir uns vorge-
zeichnet haben. Wir überlassen solche Anderen, indem
wir uns begnügen den Weg angewiesen zu haben, um,
nach dem Leitfaden der alten Philosophie, aus den
Sprachen Philosophie, wahre, ursprüngliche dem menschlichen Leben heilsame und nöthige Philosophie zu schöpfen. Aber, wie gesagt, man muß auf jenem Wege
fortschreiten und nicht nur Alles tiefer untersuchen,
sondern auch dieser Untersuchung größeren Umfang
verleihen. Wir haben uns nur in einem engen Kreise bewegt, indem wir allein auf unsere Muttersprache
und bisweilen auf das Griechische, Lateinische, Französische und Deutsche achteten. Jetzt muß man diesen
Kreis erweitern. Je mehr man die durch uns beobach-

teten Wörter mit anderen ähnlichen anderer, be=
sonders der hebräischen, arabischen, indischen und
übrigen morgenländischen Sprachen vergleicht, desto
besser werden wir unsere Wahrnehmungen beurthei=
len können: und nicht nur dieses, sondern eine um
so größere Menge reiner Naturbegriffe werden wir
alsdann erhalten, desto größere Schätze für die Philo=
sophie entdecken; denn fürwahr die Sprachen, so und
nicht anders verhält es sich, Goldgruben sind sie
für die Philosophie.

Uebersicht.

Uebersicht

dieser

philosophischen Forschungen

in

den Sprachen.

Erster Versuch.

Wie gelangt der Mensch zu Wahrheit?

Anfang der Philosophie nach Sokrates und Plato mit der Liebe. Liebe liegt im Griechischen φιλοσοφία wie in unserem wijsgeerte. Nichts ist nach Plato's Aesthetik schön, als das zugleich Wahre. In unseren Redensarten, so oft wir der schönen Künste erwähnen, pflegen wir falschen Scharfsinn, falschen Geschmack, faux brillant zu verwerfen, und stellen dem das Wahre, das wahrlich Schöne entgegen. Hier also schon einige Winke aus den Sprachen für die erste Stufe der Philosophie, die Philosophie des Schönen. Doch jetzt zur zweiten Stufe, der Philosophie des Wahren.

Wie soll man zum Wahren, oder vielmehr fürs erste, zu Sachkenntniß gelangen? Plato ist weit von allem

Empirismus entfernt. Aus dem inneren Sinne des Menschen leitet er Alles her. Diese Lehre aber liegt gänzlich in den Sprachen und wird dadurch sogar erklärt und bestätigt. Man merke nur auf die Grund= bedeutung der Wörter: Wahrheitsliebe, Wahr= heitssinn, zintuigen, urtheilen, cernere, discer= nement, *κρίνειν*, fassen, auffassen, begreifen, comprendre, cogitare: insbesondere merken, auf= merken, Aufmerksamkeit. Dadurch drücken wir von selbst die Lehre Zeno's und die art des signes der französischen Schule, doch zugleich auch und vor= züglich den Fortgang des menschlichen Geistes zur Erkenntniß und Wahrheit aus. — Zu Sachkenntniß wird jedoch insbesondere das höchste der Vermögen unserer Seele, die rede (Vernunft) erfordert. Was ist rede? Unsere Sprache sowohl, als Plato's Philo= sophie erklären es. Sie ist nach des Wortes Bedeu= tung, wie auch der des Griechischen λόγος, das Spre= chen des Menschen mit sich selbst. Rede wie λόγος bezeichnet ja sowohl Gespräch, als jenes Vermögen der menschlichen Seele. So nun gelangt man aus und durch sich selbst zu Kenntniß; wie aber verschafft man diese Anderen? Welches ist die richtige Methode zu onderwijzen (unterweisen) und op te leiden (er= ziehen)? In Sokrates und Plato's Philosophie wird dieses vollständig erklärt; aber diese Wörter selbst onderwijzen und opleiden setzen uns von selbst davon in Kenntniß. — All dieses bezieht sich jedoch größten= theils auf die sichtbare Welt. Um zu Wahrheit zu gelangen, müssen wir nach Plato in der denkbaren (intellectuellen) Welt mit dem Seelenauge die Ideen

anſchauen: ſeine Lehre, von den Ideen und Idealen. Wir finden dieſe in unſern Wörtern denkbeeld
und voorbeeld, und noch deutlicher in dieſen Wörtern,
als in ſeinen Schriften ſelbſt. — Und ſo kommen wir
endlich auf die Frage: »Was iſt Wahrheit?” Plato's
Beantwortung derſelben. Eben dieſe Antwort liegt
in unſerem Weſen, weſentlich, Weſenheit. Betrachtung über unſere Benennung der Gottheit, als
das opperwezen (höchſte Weſen). — Bei dieſem Fortgang des Menſchen zu Wahrheit verdienen beſondere
Aufmerkſamkeit: erſtlich die Wörter, die ſich auf
unſeren inneren Sinn beziehen, wie zintuigen, Organe: ſie müſſen uns vor Empirismus bewahren:
und zweitens unſer Urtheilen, unſer oordeelkunde
und alle Ausdrücke, vermöge welcher wir durch Trennen und Verknüpfen zu Wahrheit gelangen: die beſten
Schutzmittel wider Idealismus.

Zweiter Verſuch.

Wie gelangt der Menſch zu Tugend?

Leidend iſt nach Plato der Menſch in ſeinen Begierden
und Leidenſchaften, obgleich er ſich dabei ſelbſtthätig
zu verhalten ſcheine. Eben als ſolcher erſcheint er in
den Grundwörtern der Sprachen: πάθη, passions,
Neigungen, Leidenſchaften, aandoeningen, Be-

gierden, hartstogten. — Liebe, die heftigste aller Begierden und Leidenschaften rührt nach der Platonischen Philosophie von Bedürftigkeit her. Plato's Ideen vom Ursprunge der Liebe. Das Durchschneiden der Menschen in zwei Hälften. Die Liebe aus Penia und Porus entsprungen. Doch auch in den Sprachen herrscht dieser Begriff: das Lateinische desiderare. Der Gatte nennt bei uns seine Gattinn, seine weder-helft, sa moitié. — Die aus Bedürftigkeit entsprungene Liebe, ist nach Plato das Princip von Kraft, von Tugend, von Leben, von hoch sittlichem Leben. Eben so in den Sprachen. Lieven und leven, Liebe und Leben in denselben verwandt. Wir sagen deßhalb: kein Leben ohne Liebe. Das Deutsche Tugendliebe schon durch Horaz im oderunt peccare boni virtutis amore ausgedrückt. — So mag also wohl die Liebe das Princip unserer Tugend und ganzen Moral sein. Doch ist sie dazu nach Plato nicht hinreichend. Nach ihm zwei verschiedene Arten der Liebe, die himmlische und gemeine. Beider Kampf in seinem Phaedrus, als der eines ungleichartigen Zuges Pferde, durch die Vernunft gelenkt. Eben dasselbe in den Sprachen. Liebe steht Wollust gegenüber. In übler Bedeutung amor habendi, auri sacra fames. Eben so in den Sprachen die Oberherrschaft der Vernunft. Sie bezähmt, sie bezügelt die Lüste. — Reicht indessen die Vernunft mit dem Trieb zum Guten hin, daß wir standhaft auf dem Pfade der Tugend wandeln? Plato redet von ϑυμός; unser drist, Antrieb, natürlicher Trieb; geestdrist (Begeisterung) erklärt uns diese Lehre Plato's. — Das in Plato's Staat vom schlech-

teſten und beſten Menſchen entworfene Bild liegt gänz;
lich in unſeren Wörtern und Redensarten. Entwick;
lung des in unſeren Wörtern Menſchlichkeit und
Menſchheit enthaltenen. Dieſes ſuchte ſchon Plato
einigermaßen mit jenem Bilde anzudeuten. Des Men;
ſchen ſittliche Natur in unſeren germaniſchen Sprachen
tiefer, als in den Schriften der Alten bezeichnet. Die
Idee in unſeren Sprachen von ſittlicher Freiheit,
ſittlicher Selbſtſtändigkeit, ſittlicher Vervoll;
kommnung. Daher rühren die verſchiedenen Hand;
lungsweiſen von Galileo und Luther. All dieſes liegt,
wie wir uns ausdrücken, im Unterſchiede zwiſchen Kopf
und Herz. — Dies iſt's, was dazu gehört, um zu
Tugend zu gelangen; wie aber ſoll man demnach den
Menſchen, als ſittliches Weſen, bilden? Die ſittliche
Bildung und Erziehung des Menſchen in Plato's Phi;
loſophie. Sie iſt ganz und gar, ſelbſt mit den vom
Plato und den Alten gebrauchten Bildern in den Spra;
chen enthalten. Unſer Eindrücke empfangen, unſer
einprägen, unſer einſchärfen, unſer Charakter,
unſer einpflanzen. Dies jedoch für die Kindheit des
Menſchen; für ſeine Jugend eine andere Leitung bei
Plato und auch wiederum eben ſo in den Sprachen,
wie dieſe in den Wörtern réfléchir und faire réfléchir, tot inkeer doen komen (in ſich gehen), durch;
drungen werden, im Lateiniſchen imbuere und end;
lich in unſerem opkweeken (erziehen), enthalten. So
verhält es ſich nach Plato und den Sprachen mit der
Bildung des Menſchen zu Tugend; doch die Sprachen
ſowohl, wie Plato zeigen uns, daß, um ſtandhaft auf
dem Pfade der Tugend fortzuſchreiten, Vernunft und

besonders Verstand erforderlich sei. Verstand von
staan (stehen), Feststehen, wie ἐπιστήμη von ἱστάναι.—
Und so werden wir auf das Princip unserer Tugend
und ganzen Moral zurückgeführt. Es ist die Liebe,
aber wie erhaben scheint sie uns jetzt, nach dieser Untersuchung der sittlichen Natur des Menschen, wie sie
durch Plato und die Sprachen veranlaßt, herbeigeführt
wurde! Ueberdieß ist nach Beiden die Liebe das Princip
der Lehre von der Unsterblichkeit des Menschen: und
erblickten wir früher in der Gottheit das Wesen
aller Wesen, jetzt verstehen wir, was es heiße: Gott
ist Liebe. Giebt es wohl bessere Schutzmittel wider
Stoicismus einer und Materialismus andrerseits, als
solche in Plato's Philosophie begründete Sprachforschungen? So öffnet sich unseren Augen das Reich
der Wahrheit und Tugend.

Dritter Versuch.

„Wie sollen wir einst zu Weisheit gelangen?"

—◆—

Was lehrt uns darüber das Lateinische sapientia?
Wir müssen anfangen Geschmack am Wahren zu
finden und diesen Geschmack, diese proef durch Beschäftigung der Künste und Wissenschaften zu verfeine-
ren und veredlen suchen. Muß uns aber nicht die Philosophie insbesondere zu Weisheit führen? Der Begriff

von Philosophie in Plato's Schriften. Sie ist im
Menschen. Ist sie dieses nicht auch nach der Bedeu=
tung unseres Wortes wijsgeerte? Nach Plato ist sie die
opleiding (Erziehung) des Menschen durch die Künste
und Wissenschaften. Sagen wir nicht gleichfalls, daß
uns die Philosophie leite, uns fortleite?´ Wie soll
man sie aber zu dem Ende zweckmäßig behandeln?
Nach Andeutung des Deutschen Weltweisheit, muß
sie für uns aufhören Schulphilosophie zu sein.
Doch was macht sie zur schulgemäßen? Der Ge=
brauch der Methoden? Das Befolgen der Regeln der
Dialectik? Aber ohne Methode, ohne Dialectik ist sie
der Weg des Blinden. Dies also nicht; wohl aber die
Vertheilung derselben in Wissenschaften, so daß sie
selbst aufhörte Philosophie zu sein und auf die Wissen=
schaften heilsamen Einfluß auszuüben: dadurch wurde
sie nach Sokrates und Plato schulgemäß und unnütz.
Was hat man demnach zu thun, damit sie wieder
Weltweisheit werde? Sokrates und Plato zu Füh=
rern zu nehmen, wie wir dies bei Entwicklung der
Encyclopädie aus deren Grundprincipien thaten. Wir
vertheilten sie nicht in Stücke, sondern den Unterschied
zwischen afscheiden (absondern) und unterscheiden
beobachtend, unterschieden wir die Stufen, auf welchen
sie uns, um zu Weisheit zu gelangen, vorwärts leitet.
Uebersicht unseres Fortganges und stufenweisen Auf=
steigens. — Ist uns aber auch nicht Gottesdienst nö=
thig, um zu Weisheit zu gelangen? Wie die alte Phi=
losophie, so bringt uns das Christenthum auf Wörter
und Redensarten, welche uns diese Frage beantworten
lassen: insbesondere Glaube. In den Sprachen hält

es die Mitte zwischen bijgeloof (Aberglauben) und
Unglauben. Bei diesen beiden Extremen maßt man
sich das Wissen an; derjenige aber, welcher glaubt,
gesteht, daß er noch nicht wisse, sondern untersuche
und durch Untersuchen dereinst von Glauben zum An=
schauen und sicheren Wissen zu gelangen hoffe. Dies
in Bezug auf den Verstand, was aber ist Glaube
für das Gemüth? Es erhellt aus dem Lateinischen
fides. — Und nun endlich die Frage: Was ist Weis=
heit? Weisheit stammt von Wissen her. Keine
Weisheit demnach ohne Wissen. Dahin strebte die
Platonische Philosophie, und ihr zufolge waren in un=
serer Encyclopädie die reinen Wissenschaften die Grund=
lagen der höheren. Eben so in diesen unseren philoso=
phischen Forschungen in den Sprachen. — Hier ist der
Ort, um eine allgemeine Uebersicht derselben zu liefern.
Bei Beantwortung der Fragen: Wie gelangt der
Mensch zu Wahrheit? Wie gelangt er zu Tu=
gend? Wie sollen wir einst zu Weisheit ge=
langen? wurde es uns aus den Sprachen deutlich,
daß dazu insbesondere das Wissen erfordert werde,
zugleich aber, daß, ohne von Glauben auszugehen,
die höchste Weisheit nicht zu erlangen sei. Seht
hier uns endlich durch dieses Forschen nach Weis=
heit in den Sprachen, in das Reich der Wahrheit
und Tugend eingetreten: und so sehen wir denn,
daß hier der Tempel der Weisheit auf festen Grund=
lagen ruhe, und zugleich, wie uns die Philosophie,
insbesondere unser Christenthum zu dieser Höhe erhe=
ben müsse.

Schluß. Wonach strebten wir in diesen Sprachfor=

ſchungen? Wie muß man fernerhin auf dieſem Wege
fortſchreiten? Man muß Alles noch tiefer ergründen
und dieſer Forſchung einen größeren Umfang verleihen.
Hierzu muß man die Wörter, welche Erzeugniſſe der
Philoſophen und Zeiten ſind, genau von den Natur=
Ausdrücken unterſcheiden: z. B. wÿsgeerte und Welt=
weisheit. Wie Letzteres allmählig dieſe höhere Be=
deutung erhalten. Hierbei iſt auch in der Analogie
der Sprachen die Analogie der Begriffe des Menſchen
bei ſeiner geiſtigen Entwicklung zu ergründen. Beſon=
ders ſuche man jedoch, was wir auf einige wenigen
Sprachen einſchränkten, möglichſt auf alle Sprachen,
beſonders die morgenländiſchen, auszudehnen.

Druckfehler.

S. 89 Z. 7 statt: eszt, lies: jetzt.

„ 91 „ 4 „ an und für sich selbst, lies: über sich selbst.

„ 95 „ 19 „ ihren Sitz aufgeschlagen haben (huisvesten).

„ 160 „ 18 „ nach ihm, lies: seit ihm.

„ 161 „ 1 „ In Cyropädie, lies: In der Cyropädie.

„ 172 Anmerk. „ genre humaine, lies: genre humain.

CPSIA information can be obtained
at www.ICGtesting.com
Printed in the USA
BVHW081249071118
532428BV00017B/650/P